L'ENFANT DU MILIEU

OU

COMMENT ÊTRE SEUL DANS UNE FRATRIE DE TROIS

© L'Harmattan, 1999
ISBN : 2-7384-7934-0

Nicole LÉGLISE

L'ENFANT DU MILIEU

OU

COMMENT ÊTRE SEUL
DANS UNE FRATRIE DE TROIS

Préface de Geneviève Lombard

L'Harmattan
5-7, rue de l'École Polytechnique
75005 Paris - FRANCE

L'Harmattan Inc.
55, rue Saint-Jacques
Montréal (Qc) - CANADA H2Y 1K9

Collection *Psycho-Logiques*
dirigée par Philippe Brenot et Alain Brun

Sans exclusives ni frontières, les logiques président au fonctionnement psychique comme à la vie relationnelle. Toutes les pratiques, toutes les écoles ont leur place dans Psycho-Logiques.

Dernières parutions

Jean-Marie ROBINE, *Gestalt-thérapie. La construction de soi.*
Nathalie GIRAUDEAU, *Le sida à l'écran.*
Evelyne BERTIN, *Gérontologie, psychanalyse et déshumanisation...*
P. A. RAOULT (sous la dir. de), *Souffrances et violences : psychopathologie des contextes familiaux.*
Mathieu BEAUREGARD, *La folie de Valery Fabrikant.*
Geneviève RAGUENET, *La psychothérapie par le conte.*
Michèle DECLERCK, *Le schéma corporel en sophrologie et ses applications thérapeutiques.*
Françoise MAURY, *L'adoption interraciale*, 1999.

A Maria-Liri, mon unique.

PREFACE

Parfois il arrive qu'une méthodologie hybride appliquée à un objet de recherche lui-même hybride produise des résultats aussi surprenants qu'heureux. Il y faut de l'intuition (sûrement) mais surtout le sens de la paradoxalité bien tempérée grâce à quoi peuvent se faufiler – selon les multiples approches des thèmes souvent juste évoqués – des effets de présence et de connaissance. Il y faut aussi le sens de l'humour, car comment penser tirer quelque élément de vérité d'un échantillon de neuf personnes-là où les Savants en manient des « 800000 » et plus ? là où – pour aggraver les choses – l'étudiante pourrait faire partie du lot, l'enseignante aussi, toutes les deux étant des « enfants du milieu », faisant passer subrepticement leur lot d'étude de 9 à 11... ? Et que dire de la méthode de l'entretien ouvert, long, résolument non-directif, pratiqué une seule fois, qui va presque à lui seul donner le matériel de base à tout ce travail ?

A lire Nicole Léglise, on comprend vite que tous ces obstacles ont été utilisés comme moyens, grâce à un geste épistémologique très simple : l'ouverture d'un champ intermédiaire dans lequel ce ne sont pas les concepts déjà existants qui ont gouverné la recherche, mais les paroles effectivement prononcées, dites, entendues, les paroles et... leur silence. Dans cet entre-deux (qui est une amorce de transfert / contre-transfert) ce sont des paroles qui se souvien-nent en disant ne pas se souvenir, qui disent l'amour et la haine sans que l'on sache pour qui l'amour pour qui la haine, ce qui, dans une situation transférentielle est somme toute banal. Ce qui l'est moins, c'est qu'à essayer d'entendre l'ensemble créé dans cette sorte de champ intermédiaire, on voit telle ou telle dimension peu remarquée jusqu'ici prendre soudain beaucoup plus d'importance, celle qui est prise en compte dans ce travail sous le terme d'ambivalence notamment. Les enfants du milieu seraient dans des relations familiales telles qu'il y aurait pour eux comme un surcroît d'ambivalence à « assumer » ce qui les amènerait à privilégier des mécanismes de défense *un peu différents* des mécanismes habituels..

C'est là que ce genre de travail montre toute sa valeur : non pas des concepts dans lesquels on fourre ensuite des « illustrations » venues du « matériel », mais — en laissant jouer les paroles entendues — être renvoyé à ce qui, dans les théories connues, semble *tout à coup un peu différent* : c'est ça et pas tout à fait ça... Est-ce bien un hasard alors si des remarques que Freud a faites mais a laissé en l'état prennent soudain plus d'importance, par exemple l'idée de *désistement* ?... Nicole Léglise nous dit qu'on le trouve en note dans « Psychogenèse d'un cas d'Homosexualité Féminine » (1920 in Névrose, Psychose et Perversion) et elle étudie cette longue note où Freud nous parle (et il le fait très rarement) des jumeaux et des frères. Il n'utilise pas le verbe verzicht (se désister) mais ausweichen qui je crois a plus le sens de « céder la place » « se ranger » « s'effacer ». Il l'avait utilisé par exemple pour décrire cette situation, dans sa « Psychopathologie de la Vie Quotidienne » : « Il arrive souvent dans la rue que deux passants se dirigeant en sens inverse et voulant chacun éviter l'autre, et céder la place à l'autre, s'attardent pendant quelques secondes à dévier de quelques pas, tantôt à droite tantôt à gauche, mais tous les deux dans le même sens, jusqu'à ce qu'ils se trouvent arrêtés l'un en face de l'autre. ». Il remarque que dans cette situation (je dirai : une place pour deux) l'idée de *se rentrer dedans* – dans ce cas « *amoureusement* » (très libre traduction de ma part... !)– gouverne celle de céder la place. Que l'enfant du milieu soit plus tenté que d'autres, dans une situation « *trop* compliquée », par le désistement, par *laisser la place*, et cela jusqu'au risque d'effacement, j'ai tendance à penser que c'est vrai. J'ai tendance à penser aussi que cela n'est pas sans rapport avec la violence diversement refoulée des « face à face », de ceux qui ont lieu comme de ceux qui n'ont pas lieu, (et Nicole Léglise nous en raconte quelques uns) avec le *grand* et avec le *petit*...et que tout cela se conjugue avec des particularités de la mémoire, de la construction de l'histoire et de bien d'autres traits par lesquels on commence à comprendre que se sont organisées des structures psychiques *un peu* particulières... A privilégier l'affleurement des idées et problèmes à partir des paroles, un des risques est d'en oublier, ou de donner une importance abusive à ceux qui ont pris le devant de la scène. Par exemple, le lien de tout ceci avec la composition de la fratrie. Que *la petite trinité* soit tout entière féminine ou masculine, ou mixte, cela doit bien avoir des conséquences et faire que cette place du milieu soit parfois une place écrasée et parfois une place tout à fait centrale. Comment étudier les effets multiples de situations qui comportent tellement de paramètres divers et à la limite, opposés ? On pourrait dire aussi que l'aspect de la construction de l'identité dans ses relations avec les fantasmes de castration(le jeu du masculin et du féminin dans ces fratries-trinité) est un peu « effacé » lui aussi... Mais à la fin de cette lecture, l'essentiel reste que nous avons vu apparaître plusieurs variantes d'un scénario plutôt tragique, et je ne crois pas me tromper en pensant que les enfants du milieu qui vont lire ce texte en sortiront avec un sourire, celui que l'on a quand on comprend en quoi ce qui nous paraissait si étrange est partagé par beaucoup de frères et sœurs dans l'humanité... Pour les grand(e)s aîné(e)s et les petit(e)s dernier(e)s se sera l'occasion d'approcher peut-être ce que celui ou celle du milieu ont pu produire comme situations incompréhensibles... Peut-être remettront-ils en chantier la fable familiale ? Et pour tous l'essentiel n'est il pas que nous ayons pu entendre des paroles d'une souffrance qui n'avait jamais été vraiment dite et pu voir aussi – une fois de plus – comment les enfants se débrouillent pour inventer leurs passerelles vers l'avenir avec les moyens du bord, et ceci même dans les entre-deux où on se demande quotidiennement ce qui va l'emporter de la sape ou de l'étayage... ?

G. Lombard.

Se méfier. De soi ; plus que de tout autre. Se méfier des longueurs, des raccourcis. Se méfier des intuitions, des raisonnements « scientistes ». Se méfier de la parole sauvage, se méfier du discours académique. Se méfier de se croire L'enfant du milieu, se méfier d'en être Un... aussi. Se méfier de la souffrance des autres, se méfier de la sienne en écho. Se méfier de ses croyances et se méfier de ses savoirs...

Préalable à toute tentative de recherche, asséné par tous les chercheurs chevronnés. Pas dit ainsi, bien sûr : c'est une traduction.

Et si on se méfiait de la méfiance ?

Je ne me suis méfiée de presque rien de tout cela.

INTRODUCTION

> « Il n'y a pas en moi de base pour une conviction ».
> C. Baudelaire « Mon cœur mis à nu »

Il y a de nombreuses années que je m'interroge sur les relations fraternelles. Ma place d'enfant du milieu m'y a forcée depuis longtemps (toujours ?). Cette recherche est l'occasion d'y aller voir de plus près. Alors, puisque je fais partie d'une communauté qui s'ignore pourquoi ne pas chercher qui sont ces enfants du milieu ?

...Et leur laisser la parole.

Je n'avais pas vraiment le choix. Le sujet ne semble pas avoir beaucoup intéressé et l'apport théorique, nous le verrons, relèverait plutôt du « bidouillage ». Pour tous, l'enfant étant représenté Unique et de ce fait seul face à ses relations parentales. Parfois nous pouvons espérer quelques pages, rares et quasi secrètes où l'enfant est replacé dans son environnement véritable, c'est-à-dire sa fratrie. Œdipe était fils Unique, oui... Jusqu'à ce qu'il soit le géniteur de ses frères et sœurs.

Être soi-même un enfant du milieu ne suffit pas à fournir des hypothèses de travail. Daniel Gayet, qui consacre quelques pages à l'enfant du milieu m'a aidée : « Dans la fratrie, l'enfant a un double statut : un statut hiérarchique et un statut sexuel. Deux dichotomies se présentent :
- être garçon ou fille
- être le plus âgé ou le plus jeune.

Tout enfant du milieu a le statut hybride d'être plus jeune que... et plus âgé que... Le comparatif s'est substitué au superlatif.[...] Il est donc pratiquement insituable. Mais si, en outre, son statut sexuel vacille, s'il n'est plus le seul garçon ou si elle n'est plus la seule fille,[...] tout s'effondre dans un relativisme complet. »[1]

La seconde hypothèse était calquée sur la tragédie qu'est la naissance du cadet pour l'aîné (tragédie abondamment décrite dans tous les ouvrages traitant des relations fraternelles) : la tragédie et donc la souffrance de l'enfant du milieu, c'est la naissance du troisième enfant. Ces deux hypothèses, très théoriques, ont été plus que malmenées par les enfants du milieu que j'ai rencontrés. L'écoute des entretiens, avant même la plus petite analyse, m'a obligée à un glissement très net de la seconde. Ainsi donc, comme je m'apprêtais à écrire, elle était déjà devenue :

Et si la tragédie de l'enfant du milieu était l'existence de l'aîné ?

Et si la souffrance n'était pas : « Il me prend quelque chose que je possédais » (l'amour des parents) mais : « Il possède quelque chose que je n'aurai jamais » (l'amour pour l'unique) ?

Beaucoup d'autres questions se sont posées : y a-t-il une différence profonde de relation entre l'enfant du milieu et son aîné d'une part et cet enfant et son benjamin ? Pourquoi parlent-

---

[1] Gayet. D., *Les Relations Fraternelles*, p. 97

ils tous, d'une manière implicite ou explicite de leur solitude ? Est-elle recherchée et pourquoi ? Est-elle subie ? Quelle forme de souffrance laisse-t-elle apparaître ou quelle souffrance tente-t-elle de masquer, de détourner, d'empêcher ?

D'autres concernaient plus particulièrement les relations de ces enfants avec leurs parents mais je les ai volontairement laissées de côté, le sujet étant trop vaste au départ et un effort de resserrement étant nécessaire.

Au fil des pages, nous trouverons donc ce que disent ces enfants du milieu de leurs relations fraternelles, de leur solitude (et nous verrons qu'elle est diverse) et de leur souffrance (rarement, elle est posée comme telle dans le discours, j'ai dû la chercher sous des mots qui ne la définissaient pas clairement). Ainsi donc j'ai écouté... et j'ai interprété bien sûr (comment faire autrement ?) avec raison parfois, avec passion à tous les coups. Il est certain, comme disent les ethnométhodologistes, que je possède le « langage naturel » de ce groupe et cela pouvait à la fois parasiter mes interprétations et m'aider à recueillir leur parole. Ainsi donc j'ai écouté... puis j'ai lu pour être rigoureuse ; et je n'ai pas trouvé dans la théorie psychanalytique une nourriture suffisante. C'est dans la littérature et donc dans des lectures anciennes ou nouvelles que j'ai pu découvrir un discours qui m'aide à n'être pas seule face à ces enfants du milieu. Winnicott disait que s'il avait découvert quelque chose d'important sur l'être humain, les poètes l'avaient dit avant lui. Ils ont dit beaucoup sur les relations fraternelles et je les ai écoutés et crus. Eux seuls seraient capables, peut-être, de faire chuter mes quelques petites certitudes ?

« La différence est dans cette connaissance que je croyais avoir d'elle et la découverte de l'ignorance de celle-ci. Dans l'immensité de cette différence entre la connaître et l'ignorer ».[1]

C'est dans cette « différence » que j'ai voulu loger, lover mon travail.

---

[1] Duras M., *Agatha*, Paris, Les Éditions de minuit, 1981, p. 48.

PARENTHESE

HISTORICO-ETYMOLOGIQUE

> « Pour me dégager de mes ruines,
> il me fallait avoir des ailes.
> Et je volai. »
> Klee « Journal »

Une parenthèse... comme une parole ajoutée, encadrée, qui ne sert à rien : qui n'a pas vraiment sa place et qui pourtant nous dit... hors démonstration, comme un clin d'œil.

Quand je cherchais ces enfants du milieu, j'entendais : *Tiens, pourquoi seulement de famille de trois ?* et je répondais : *Parce que dans une fratrie de trois, le cadet est seul enfant du milieu.*

Puis je me suis demandé si trois (le nombre et non pas le chiffre) avait une signification particulière, de même que cadet et que seul, convaincue que les mots portent en eux le poids de leur passé.

Alors voilà... une parenthèse pour s'élever un peu, pour prendre de la distance, pour, comme Klee, s'envoler.

Trois (la réalité)

Du latin *Tres, tria* formé sur le grec Τρεις qui signifie : accès à l'habitude, et très.

Pour dire « mauvais esclave » Τριδουλος, les grecs disaient « vendu trois fois » Τριπρατος.

Un être exécrable était un Τρις-αλαστος, (littéralement : trois fois maudit) et un mort Τρισ-μεγιστος, (trois fois bienheureux).

C'est donc au bout de trois fois que s'installe un état de fait. Pour revenir dans ce siècle, demeure l'idée grecque dans l'expression « trois fois rien ». Quant à notre langue du milieu (le latin) elle a créé à partir de *Tres, tria* certains mots qui vont éclairer peut-être cette relation de trois.

- *Tribus* : (dat et abl de *tres*) : division du peuple romain, primitivement au nombre de trois.

- *Tribuo* :
  – répartir entre les tribus,
  – répartir,
  – distribuer,
  – accorder, donner.

- *Tribulis* : — qui est de la même tribu
  — pauvre misérable.

- *Tribulosus, a, um* : — difficile
  Issimus : — plein de pièges.
- *Tribuna, alis* : — où siège le *Tribunatus* : tribun représentant des tribus.

- *Tribunus,i, m* : — primitivement chef d'une des trois tribus de Rome

Et enfin...

- *Tricor,atus sum* : — chercher des détours, chicaner.
  (d'où tricheur en français)

1, 2, 3... et l'action se met en route, le rideau se lève. Quand nous arrivons à 3 nul besoin de compter plus, première figure géométrique close, tout tourne là entre les trois points du triangle qu'il ne sert à rien de déplacer... le triangle est. Un carré peut déplacer ses points et il devient autre chose ; le triangle, lui, demeure. Voilà la tribu, si chère à Freud, constituée et la relation triangulaire avec ses difficultés et ses pièges s'instaure.

Anne : *Moi je veux un autre petit frère* [...] *comme ça on pourra faire des équipes pour jouer au football.*
— Il faudrait être quatre, alors ?
— *Hum...*
— A trois, c'est plus compliqué ?
— *Bè oui*

Comme elle le dit bien cette petite fille ! Et pourtant c'est toujours «jamais 2 sans 3 » qui est l'expression de la fatalité et non pas « jamais 3 sans 4 » comme elle l'espérerait tant !

Avec le trois donc, quelque chose est construit. Notre société toute entière le reconnaît. La famille idéale de la publicité est celle de trois enfants qui permettront à la mère de passer tous les concours sans avoir obtenu de licence (trois est une licence), qui donneront droit à la carte de famille nombreuse (réduction SNCF par exemple), qui augmenteront conséquemment les allocations familiales et encore mieux les allocations logement. Nous le voyons bien, trois est un nombre intéressant pour les parents. Ce nombre atteint, la société va (*tribuo*) accorder, donner, alors même que pour les enfants (*tribularius...*) ce nombre sera celui du tourment et de la chicane. Trois, nombre sacré et hautement sexuel car « pour l'appareil génital de l'homme, dans son ensemble, c'est surtout le nombre sacré 3 qui représente une importance symbolique »[1] nous dit Freud et il se demande plus loin[2] si le nombre trois doit son caractère sacré à la Trinité (mais peut-être est-ce l'inverse ?). Sacré, 3, oui mais douloureux ; ainsi le signe de croix a quatre points (pour conjurer quoi ?) et le trèfle qui porte bonheur a quatre feuilles. Ce que ne dément pas la petite Anne précédemment citée.

Pour les enfants du milieu que j'ai rencontrés ce nombre est bel et bien celui de leur réalité et je peux dire avec Benoîte, du poids de leur réalité : *Et puis mes parents, là, ils ont été extrêmement... vraiment quoi...* [...] *: c'est comme ça, désormais vous êtes trois, la petite sœur est arrivée... Voilà Géraldine ça sera le numéro 1, toi le numéro 2 et elle le numéro 3. Voilà. C'était clair et net...*

Et voilà... 3 c'est la souffrance. Détruisons Troie, disaient les grecs et nous serons heureux.

---

[1] Freud, *Introduction à la Psychanalyse*, p. 139, Paris, Éditions Payot, 1922-1961.
[2] Ibid., p. 149.

Cadet (numéro 2 = le statut)

Soit un triangle A.B.C... nous appellerons B = Cadet ou enfant du milieu ; la différence entre les termes est que l'un englobe l'autre : l'enfant du milieu est obligatoirement un cadet mais un cadet n'est pas nécessairement un enfant du milieu. Le mot cadet est donc plus général. Il apparaît dans la langue française au XVème siècle par l'intermédiaire du gascon Capdet/dette (chef) de *Capitellum* diminutif de *Caput* (tête, extrémité). Les mots Captal (ancien titre de dignité signifiant chef, capitaine en Gascogne), capitaine et capitoul (nom que l'on donnait aux magistrats municipaux de la ville de Toulouse), viennent du même mot latin *caput* et paradoxalement nomment tous, sous des formes différentes, une personnalité qui commande. D'où vient que ces cadets soient des « capitaines » ? Nous pourrions aller plus loin dans la recherche étymologique et constater que de *caput* nous passons à *capto* ou *capio* (*cépi, captum, ere*) qui signifie prendre, saisir, s'emparer de, s'approprier. Et de là un pas vite franchi nous amène à *captator (oris)* de *capto* : celui qui cherche à saisir, à surprendre, captateur de testaments. Dans la langue française ce *capto* donnera capter, captiver, capturer... captif ! Les Gascons ont inventé ce mot pour désigner celui ou celle qui, né le second, ne sera jamais le maître mais le capitaine.

Et c'est dans ce pays qu'ils ont su se couvrir de gloire (ne serait-ce que dans la littérature) :
« Œil d'aigle, jambes de cigognes
moustaches de chat, dents de loup... »[1]

Les cadets de Gascogne ont servi d'abord dans l'armée française comme jeunes volontaires sans paye et sans enrôlement. Ils portaient l'enseigne de la compagnie qui ne pouvait en recevoir plus de deux, et ils étaient libres de renoncer au service. Un corps de cadets fut créé par la suite mais, jusqu'à Louis XIV, ces gentilshommes servaient comme soldats et passaient par tous les grades jusqu'à obtenir les premières sous-lieutenances vacantes. La création du corps améliora un peu leur condition puisqu'elle devint une école d'officiers, mais les mutineries de ces jeunes gens et leur indiscipline motivèrent sa suppression. Le corps des cadets avec leurs privilèges fut emporté comme tant d'autres institutions, par la tourmente révolutionnaire.

Il existe cependant encore des écoles de cadets dans les armées américaine et anglaise. Ces jeunes gens n'ont plus rien à voir avec ceux d'avant la révolution française ; ils sont cadets comme en sport, c'est-à-dire plus jeunes que des juniors. Ceux de Gascogne ne se déterminaient pas par l'âge mais par leur place dans la fratrie. Le droit d'aînesse les évinçant de l'héritage de la terre familiale ainsi que du titre nobiliaire éventuel, ils se « jetaient » dans l'armée avec l'espoir de faire carrière et de devenir des héros. Tout ceci aurait dû cesser avec la loi de 1791 supprimant le droit d'aînesse mais... la loi des sociétés ne pénètre pas la relation fraternelle parce qu'elle se situe dans un ordre différent.

Ce terrible enfant du milieu qu'est « Brasse-bouillon » décrit brièvement sa fratrie : l'aîné « l'héritier présomptif tenait de mon père tous ses traits essentiels. Chiffe ! Inutile d'aller plus

---

[1] Rostand E., *Cyrano de Bergerac*.

loin »[1], le benjamin « [comme sa mère] doué pour la finance, amateur de grandes pointures, péniblement studieux, froid, tenace, personnel, corollairement hypocrite »[2] et se décrit lui-même, le cadet, l'enfant du milieu : « reste la [dernière] carte de ce méchant poker. Retournons-la. Dans le brelan de frères, je suis le valet de pique [...] le cadet de casse-cogne, le révolté, l'évadé, la mauvaise tête, le voleur d'œufs qui volera un bœuf ». Je ne sais si Bazin a fait une recherche étymologique sur le terme cadet mais tout est là cependant. Car captateur il le fut, ce Brasse-bouillon, de la haine de sa mère à défaut de son amour. Mécanique de défense de son Moi que nous pourrions nommer : renversement en son contraire.

---

[1] Bazin H., *Vipère au point*, p. 25, Paris, Grasset 1948, Le livre de poche 1996.
[2] Ibid., même page.

Seul (retour à 1 = le désir)

« Car je cherche le vide, et le noir, et le nu ! »[1]

- *Solo, avi, atum, are :*   dépeupler, désoler

- *Solus, a, um :*
  — seul, unique
  — isolé, délaissé
  — solitaire, désert

    A rapprocher de

- *Solum :*
  — la partie la plus basse d'un objet
  — base, fondement
  — aire, sol
  — sol, pays, contrée

---

[1] Baudelaire C., *Les fleurs du mal*, Spleen et Idéal, Livre de poche 1972, Obsession pp. 146-147 (CXVIII).

- *Solutus, a, um* :
  - sans liens
  - libre, non enchaîné,
  - relâché
  - terre meuble

A rapprocher de

- *Solvo, solvis, solutum ere*
  - délier, dénouer, détacher
  - délivrer
  - désagréger, dissoudre, rom
  - pre...
  - détacher, énerver, amollir
  - (fig.) dissiper, réduire en poudre,
  - anéantir, réfuter

Or donc, ce mot « seul » peut recouvrir les sens d'unique, de fondement, de liberté, de rupture jusqu'à l'anéantissement. C'est bien, on le voit, ce que nous a dit Baudelaire et la Psychanalyse, puisque « un » c'est la fusion, c'est le retour à l'origine et donc la mort. Mais « seul » c'est aussi être une terre meuble qui peut être ensemencée et en effet c'est seul que nous pouvons créer, comme Moïse s'y obligea pour rencontrer Dieu. Et quand être seul est une souffrance, quand la présence des autres est essentielle pour se protéger, se préserver ? Reste à se demander de quoi, de quels démons intérieurs.

« La phobie de la solitude [...] est au fond d'éviter la tentation de l'onanisme solitaire »[1] nous apprend Freud et peut-être aussi celle de céder à la pulsion de mort. J'arrête là cette parenthèse sur seul puisqu'une grande partie de mon travail sur les entretiens lui sera consacrée. Nous écouterons ce qu'ils en disent ; après tout ce sont eux qui m'ont imposé ce mot, et « un » est leur désir.

---

1 Freud S. ; *Inhibition, Symptôme et Angoisse*, Paris P.U.F, 8ème édition Avril 1986 p.51.

UN BREF APERCU

DES ENTRETIENS :

Jean : 11 ans. Un frère aîné de 4 ans de plus, Joseph, et un benjamin de 13 mois de moins, Philippe.

Joseph, l'aîné, il est gentil, il partage, même ses affaires, son bureau. Il m'aide, il me protège. Mais des fois, il me bat, il donne tout le temps des ordres. Il dit que je suis chiant, collant. Il dit que je suis de trop, qu'il aimerait être seul.
Philippe [le petit] *il me les gonfle, je m'en préoccupe pas* [de quand il est né]. *Il a failli naître à 4 mois ça m'aurait entièrement plu. Je peux pas me l'encadrer. Ce qui m'énerve, c'est que je dois tout partager avec lui, je partage ma chambre avec lui et ça m'énerve. Comme je dis, c'est toujours les aînés qui ont ce qu'ils veulent. Même ma tante le dit que maman le gâte plus que nous.*
Je suis en 6ème cette année [et] *Joseph m'a inscrit « anglais » sur le bulletin ! Il a commandé à ma place. Il s'occupe trop de moi, je trouve. Il m'a donné de l'anglais sans que je le veuille.*
J'ai presque des 20 en anglais, j'ai des 17 des 16 et lui il a des 0,5 des fois. Il a surtout des 5, 7, 12, 10, 0. Je crains qu'il ne triple sa 3ème. Il

dit qu'il est un génie. Qu'est-ce que le génie de la terre, si Joseph c'est un génie !

Philippe, l'an dernier il avait 11 et quelques de moyenne. Joseph 9 et moi 16 et quelques. Philippe il ressemble à maman, c'est une vraie mégère il est collant. Je m'en fous complètement de mes frères. J'aurais voulu avoir que Joseph, pas Philippe. J'aurais voulu Joseph mais après moi ! J'aurais bien aimé être le PREMIER*. Joseph il a eu une chance folle le jour où il est né. On a tout ce qu'on désire. C'est que maman, elle préfère Joseph. Je sais pas si elle se rend compte maman. Je sais pas. Il y a des profs qui disent qu'on se ressemble avec Joseph.*

Le week-end, moi j'ai envie de faire ce que je veux. [le week-end] *je suis tout seul* [je m'ennuie pas] *j'ai l'habitude. A la récré j'aime bien me mettre tout seul sur un banc pour profiter de la récré sinon ça passe trop vite. Moi j'aime pas aller parler aux autres ou jouer.*

Albert : 52 ans. Un frère aîné de 10 ans de plus que lui, jamais prénommé et une benjamine de 3 ans de moins, jamais prénommée non plus.

J'étais très influencé par mon frère [l'aîné] *le côté sportif. C'est lui qui jouait au rugby. C'est lui qui m'a décidé par la suite à pratiquer ce sport. Je suis le seul de la famille à être parti comme interne. J'avais 11 ans. Je devais rentrer le samedi soir et je repartais le dimanche soir, ce qui fait que le lien avec mon frère était pratiquement inexistant. Avec ma sœur pas beaucoup : le seul souvenir que j'ai c'est que, chaque fois qu'on se voyait, on se battait. En fait le seul diplômé de la famille, c'est moi. J'ai fait des jaloux : mon frère, ma sœur. J'ai passé des concours administratifs : PTT, EDF, SNCF ; j'ai été reçu à tous. J'ai choisi la SNCF.* [À l'armée] *La première perm, je me suis démerdé pour pas repartir, j'ai été hospitalisé : réformé pour de l'asthme.* [10 ans après] *j'ai repris mes bouquins, j'ai passé le concours d'enseignant. J'ai fait quelques années d'enseignement et puis j'ai passé le concours de chef d'établissement. Avec mon frère, on se voit pas, on se téléphone pas...on est pas fâché. Il répond jamais quand on l'appelle, bon ça va cinq minutes ! On a continué à se voir à cause de mes parents.* MOI *j'étais fâché avec ma sœur. Parce que ma sœur ne voyait que par mon frère. Jalouse que j'ai réussi. Quand son mari est mort, il se trouve que le seul sur qui elle ait pu compter, c'était moi. Alors que mon frère... elle, elle l'appelle quand même. On a pas été très proches, en fait.*

Ma sœur et son mari, ils passaient devant la maison toutes les semaines. Ils se sont jamais arrêtés. Pourquoi je m'emmerderais à vouloir faire des liens.

J'ai été malade petit, j'ai failli y passer. Je suis rentré à l'école à 3 ans. Exceptionnellement... j'ai fait la crèche vivante et j'étais l'enfant Jésus. Autrement j'ai pas vraiment de souvenirs. De gosse, non. Ça commence vraiment quand je suis rentré en pension.

La famille... pff... les parents, la belle-sœur... aller manger tous les dimanches, non, ce serait absolument horrible.

[A part la pension, tous les choix de vie je les ai faits seul] Oui, tout seul. Même si la famille était pas d'accord. Comme quand j'ai quitté la SNCF... et tout ça, oui, tout seul. En plus l'été je partais longtemps en cure, à cause de ma maladie d'enfant. Tout seul. Ma mère ne venait pas, non. Je partais tout seul. A l'époque, ça devait se faire comme ça. J'ai pas beaucoup vécu avec mon frère et ma sœur.

Samuel : 12 ans. Une sœur aînée de 16 ans, Sophie, et un benjamin de 7 ans, Nicolas.

[La sœur aînée] Grande, très grande, brune aux yeux marron. Elle est en seconde. Elle est gentille, ça dépend des fois. [Le petit frère] on va dire qu'il est gentil mais vraiment, des fois ! il est assez petit, il est châtain, les yeux marron, il est en CE_1, il travaille bien à l'école.

[Le petit frère est né] fin octobre. Je me souviens du jour de sa naissance, un peu. J'étais petit, on m'avait pas laissé entrer dans la chambre. J'étais dans la pièce à côté. Je l'ai vu le jour même après l'accouchement. Un frère ou une sœur, bof, ça m'était égal. Bien sûr un petit frère, c'était mieux... il a grandi, on a commencé à se disputer, d'ailleurs ça continue en ce moment. Des fois on se bat, il range pas ses affaires, il écrit sur la tapisserie...On est ensemble pour dormir. Avec ma sœur, quand y a des fêtes on sort ensemble ou on se balade des fois. On va à la musique.

Moi, le visage, c'est plutôt maman, le caractère je sais pas. Un peu des deux. Ma sœur, c'est maman sûr ! Mauvais caractère. Elle voulait sortir en boîte et elle disait « je sais que Samuel... il ira avant moi ». Sinon, j'ai jamais remarqué de jalousie. Des fois parce que j'ai des habits de marque et elle, elle en a eu très tard. C'est normal et elle est pas contente.

Hum [c'est] *pas toujours* [une bonne place, celle du milieu]. *Parce que des fois Nicolas... me tape et je riposte et Sophie, elle peut le taper. Les parents, ils acceptent de Sophie..., pas de moi. C'est l'aînée, c'est normal, ça va de soi. Si on est les trois, c'est elle qui a droit.*

Je lis beaucoup, [ma sœur]*, elle aime pas lire. Quand j'ai été voir maman à l'hôpital, à la clinique, j'étais dans une pièce et ma sœur était dans une autre pièce, j'essaie d'entrer et on me dit que c'est pas cette pièce et après on a été voir Nicolas et maman. Il était petit, un peu mouillé. Je sens qu'il était très petit avec des tout petits doigts.* [A] *l'école maternelle, je tapais les filles, maman a été convoquée par la directrice. Je leur mettais des coups de pieds. J'avais 3 ans à 4 ans. Quand Nicolas... est venu elle a arrêté de travailler. Quand elle est arrivée enceinte, elle a pris un congé parental.*

On peut pas discuter avec maman. Elle a toujours raison. Papa, il soutient pas. Des fois il sait qu'il a tort, il soutient pas. Il a compris que Nicolas... est souvent énervant.

Quand j'étais petit, j'étais seul, je jouais tout seul. À la maison, je suis tout seul. Des fois ça me démange de partir, n'importe où, mais partir parce que... des fois...

Martine : 30 ? ans. Un frère aîné de 18 mois de plus, jamais prénommé et une benjamine de 3 ans et demi de moins, jamais prénommée.

[J'ai] un frère aîné qui a une réussite scolaire et sociale top niveau. Moi, non c'était pas le cas : réussite scolaire nulle, sociale si quand même... on se démerde toujours.

Ma petite sœur a choisi l'art puisque les ordres, c'est pas possible, on est protestants... [actuellement] *c'est une bonne femme au foyer.*

Je crois que mes souvenirs c'est à partir de 7 ans, avant, non. J'en ai pas. On m'avait emmenée voir un psychologue parce que je posais des questions bizarres. On est très différents avec mon frère. Tout ce qu'il faisait c'était bien, il réussissait tout. Et moi, moi je parlais c'est tout. Je réussissais pas trop, trop. Lui, il parlait pas, il bossait. Il est très cartésien mon frère. Il est ingénieur travaux publics. Tout est basé sur le calcul. J'étais seule quand même. Seule dans mon truc. Ni l'un, ni l'autre [des parents] *me comprenaient vraiment. Avec mon frère on n'avait pas de relations extraordinaires. Je crois qu'on en avait pas du tout. On se disputait. Il faisait suer. Mon frère a toujours porté l'image de mon grand-père maternel* [paternel]. *C'est lui qui porte le nom. C'est lui qui est en lien direct avec mon grand-père et mon père est complètement occulté. Il a cette lourde tâche. Maintenant, je le plains mon frère.* [Il était] *très laid adolescent, je le trouvais très laid. Je pense que je représente pour lui l'aînée de la famille. J'ai toujours eu un côté provocateur. Ce qui devait le séduire. Ça le séduit beaucoup. Physiquement on se ressemble beaucoup, il paraît. Ma sœur, elle est exactement comme moi.*

Avec mon frère on pouvait pas se saquer. Enfin moi je pouvais pas le saquer. Lui était brillant, ma sœur moyenne et moi, j'étais carrément nulle.

Ça créait chez nous une haine l'un envers l'autre. On n'est jamais sortis ensemble. J'étais très, très indépendante très tôt. Les vagues [dans la famille] *c'est moi qui les avais faites. Mon frère non, jamais. Il est jamais parti* [de la maison]. *Plus tard* [à P...] *on se retrouvait un peu tous les deux. Y avait pas ma sœur, Y avait pas ma mère. Ça allait, quoi. On était plus proches. Finalement je l'aimais bien. Il était complètement dépassé par mes révoltes.* [Ma sœur] *on se voit beaucoup. Tout le temps. Toujours elle a besoin de moi comme moi j'ai besoin d'elle.*

[La section en seconde] *c'est moi toute seule. J'en ai discuté avec personne dans la famille.* [Pour l'école d'infirmière] *j'ai décidé toute seule. Quand on choisissait pour moi, je me mettais en échec. Je pouvais être libre et rentrer dans un domaine qui a creusé l'écart avec tout le monde. J'ai toujours été quelqu'un vraiment à part. Un papillon. Toujours un peu en l'air. Jamais là. Fallait bien qu'y ait quelqu'un qui fasse des vagues.*

Je me réfugiais dans mes rêves et dans l'imaginaire. J'avais très peu confiance en moi. Si moi, je me prenais pas en charge à un moment donné... c'est pas eux [les parents] *qui allaient voir du côté de l'inconscient.*

Fanny : 33 ans. Un frère aîné de 17 mois de plus qu'elle, jamais prénommé et un benjamin de 6 ans de moins, jamais prénommé.

Mon frère aîné, c'est un garçon grand, mince. Il a les cheveux frisés, les yeux bleus. C'est un peu le rêveur, le poète. C'est un musicien, il aime la mer. Le petit il est un peu plus proche de moi. Il a les pieds sur terre. Il est resté très enfant mais en même temps il dégage de la maturité. Il est grand, il est mince. C'est un technicien. Mon frère [l'aîné] *est parti tôt en pension. À la maison, y avait mon petit frère et moi. Y a eu beaucoup de rivalité. J'ai pas accepté la venue de mon petit frère. Pour moi c'était l'échec. J'ai refusé de le regarder, de le toucher. La plus grosse déception de ma vie, je crois. Est-ce que c'était le fait d'avoir une sœur vraiment je sais pas. C'était surtout la rivalité avec le grand frère. Après j'ai beaucoup couvé, protégé comme une grande sœur. Quand il avait 7-8 ans et moi 14-15 ans là ça a été pénible disons. Parce que les bêtises faites à la maison, c'est moi qui prenais. C'était le petit protégé. Il a été sauvé in extremis. Il avait une santé très fragile. J'ai vécu ça, ça a été très dur. L'aîné, on le voyait pas trop. On le voyait peu. Avec l'aîné* [avant la naissance du petit] *on était... ça se passait bien. C'était moi qui étais, pas jalouse de l'aîné, mais pénible. Mon frère c'est quelqu'un de calme, de tranquille, il emmerde personne. Il cherche des histoires à personne. Il est jaloux de personne. Moi j'étais toujours à l'embêter. C'était vraiment moi qui mettais la pagaille. Après c'est mon petit frère qui est venu mettre le souk.*

J'ai fait une seconde. J'ai fait des fugues. Ça me plaisait pas. Je voulais pas faire ça. Je voulais faire esthétique. Même quand j'ai fait mes fugues [l'aîné] *il s'immiscerait pas dans mes problèmes personnels. J'en parlais pas avec lui. Il me défendait. Il avait peur pour moi. Ça m'est arrivé de prendre des torgnoles par mon père. Il prenait partie juste à ce moment-là. Je voulais être libre. Je voulais vivre ma vie. Sans contrainte. Lui* [l'aîné] *c'était pas un gars qui voulait sortir, bouger. J'ai fait des fugues.*

J'en ai fait que deux mais elles ont compté. Moi je suis quelqu'un de très personnel. Je m'étale pas. Les décisions, les changements de vie, c'est toujours toute seule.

Je ressemble beaucoup au frère de ma mère. Lui c'est un peu l'aventure. Du mal à se poser. Quand il était posé là il voulait se poser ailleurs. C'est la seule personne de la famille pour laquelle je me sens proche.

J'ai toujours pensé que ma mère préférait mes frères à moi. C'est une impression. Lui [l'aîné] *il était sage, il travaillait bien à l'école, il posait aucun problème à mes parents. Il faisait pas les 400 coups. J'avais l'impression que mon frère était préféré. Je me sentais la mal-aimée c'est fou. J'ai blessé mon petit frère une fois aussi. Je lui ai ouvert la cuisse avec un jouet en plastique. Je contrôlais mal, quoi. Quand je parlais de lui* [l'aîné] *je disais « lui il est sage, il est intelligent ». J'ai toujours eu beaucoup d'admiration. Il jouait de la guitare aussi. J'ai essayé trois fois, j'ai presque cassé la guitare. Donc j'étais nulle. Mais lui... oui, oui j'avais de l'admiration. Mais sans être envieuse. Ça me plaisait de dire que mon frère faisait ça. Je suis encore fière de le dire, d'en parler.*

Pierre : 42 ans. Un frère aîné de 45 ans, Benoît et une benjamine de 38 ans, Nathalie.

[L'aîné] c'est quelqu'un de très, très proche de sa mère. Sûrement [j'avais] *beaucoup d'admiration quand j'étais petit. Très beau ! Il fait 1 m 85, c'est un très beau garçon. Mince, svelte, brun, cheveux courts, visage un petit peu carré. On avait deux vies séparées, deux vies différentes. On s'entendait pas très, très bien. Cela dit, jamais aucun froid. Il voyait ma démarche dans le milieu musical comme un petit peu superflue. C'est quelqu'un de très pragmatique, qui a les pieds sur terre. Et puis la vie nous a rapprochés quand même. Je suis à ses yeux, je pense, toujours le petit frère. Je sentais comme une attitude de protection par rapport à moi* [l'an dernier]. *Ça m'a intrigué. Je suis quelqu'un avec un ego assez fort. J'ai appris à me débrouiller seul. Moi, je ne me vois pas comme le petit frère. On a des prises de bec terribles. Même maintenant il faut qu'on fasse attention. Les paroles peuvent très vite entraîner des choses... Pourtant il est admiratif. Je pense qu'il était assez fier, assez admiratif* [après le concert dirigé à

B...]. *Lui, il est obligé d'après lui, à garder ses sentiments. Il avait des problèmes à l'école donc il a travaillé très jeune. J'étais évidemment jaloux des conquêtes qu'il amenait à la maison. Moi, j'étais complètement dans ma musique, je sortais pas. Les filles, c'était quelque chose d'inaccessible alors que lui en changeait tous les mois. Quand je suis parti aux États-Unis, je voulais en bouffer. Je devais sûrement me tromper. Moi, j'étais connecté avec mon père. Il était musicien. C'était quelqu'un de physiquement très costaud. Il composait. Quand il a disparu, j'ai fait de la musique en référence à mon père. Je dis la vérité* [l'aîné] *c'est un beau type, c'est un beau mec. Je me considère comme le moins beau de la famille. Moi, c'est bizarre, je me suis jamais considéré comme beau. Ma sœur est une très belle brune. Nathalie...* [la petite sœur] *je la frappais, je la battais. En fait, je l'ai complètement occulté, je me souviens de rien. Je me souviens pas exactement du jour de sa naissance. Je me souviens de la clinique, la pièce est lumineuse, blanche et tout est blanc, un sentiment de pureté. Ces années d'enfance, je me souviens absolument de rien. C'est le black complet. Après la mort de mon père, Nathalie... a 3 ans... 4 ans va dans une espèce de crèche. Et j'ai comme un sentiment d'abandon. En gros, je suis l'exemple qu'elle n'a, à mon avis, jamais réussi à dépasser. J'avoue que je me suis servi de ça. Avec Nathalie j'ai un sentiment de culpabilité. Il est transcendé après* [à B... dans leur jeunesse]. *Elle me gonfle. Petit à petit je m'aperçois qu'elle est vraiment douée. Je suis assez fier d'elle, je suis même un petit peu jaloux. Mais c'est pas une jalousie dévorante. Ça me rend un peu jaloux moi qui suis musicien de fosse à l'époque. J'aime sa vie actuellement. La fratrie c'est 2 + 1. Avant, on était 1 + 1 + 1. Elle a un très grand amour pour moi fait de crainte. C'est ma musique. Mon frère faisait de la musique avant la mort de mon père. Mais il était extraordinairement peu doué. Extraordinairement peu travailleur. C'était monstrueux, toute la journée je chantais et je jouais du tambour. Mon frère le dit encore : je faisais du bruit.*

Michel : 27 ans. Un frère aîné de 32 ans, jamais prénommé et un benjamin de 22 ans, Laurent.

Le grand frère est donc âgé de 32 ans, je sais même plus... il a trente deux ans, il me ressemble pas du tout. Il est très grand : il mesure 1 m 84. Il est très imposant physiquement. Très sûr de lui. Ce qui se retrouve chez mon petit frère. Il est très protecteur [l'aîné] *avec ses frères. Il essaye de prendre les choses telles qu'elles sont. C'est un peu la force paternelle. Le petit frère considère mon grand frère comme son père... puisqu'il a perdu le sien très jeune. Il mesure 1 m 75* [le petit] *beaucoup plus que ma taille. Il est très imposant aussi par rapport à moi. Les deux frères sont plus sensibles que moi, plus fragiles. Le petit frère ressemble énormément à mon grand frère. Mais il n'a pas cette assurance... je crois qu'il veut prouver quelque chose. Il veut essayer de prouver qu'il a réussi à grandir sans son père. Mes frères ont une activité manuelle, un besoin de s'agiter, le besoin de bouger, de voir énormément de monde. Ma capacité à vivre seul... le contraire de moi. Quand j'étais petit je dessinais beaucoup. Quand j'écris j'ai l'impression de me confier à quelqu'un. Ça me soulage. Leur instabilité, c'est le fait de se lasser de tout très vite, je crois. La peur de manquer quelque chose... C'est très différent pour moi. J'ai des périodes de remise en question et quand j'ai réussi à voir l'aube du jour, même si moi j'ai pas envie de bouger, j'ai envie de voir le monde bouger. Ça fait la différence avec mes frères qui eux, ont besoin de bouger avec le monde. Ils ont du mal à l'accepter. Ils ne comprennent pas. J'ai l'impression qu'ils habitent dans un terrain et que je suis un peu le gardien de ce terrain pour leur expliquer. Et ils m'écoutent. On voit souvent des frères qui s'entendent pas, ce n'est pas le cas entre nous. Le fait de ne pas avoir de travail pour moi, ça peut susciter chez mon grand frère des réactions assez vives. Mais c'est pour de l'aide il est pas question de conflit. D'avoir des frères comme ça, ça a éveillé chez ma mère plus de soucis. Il existe des relations paternelles entre eux. Je crois que j'aurais pas été capable d'avoir ce rôle de père. Mon grand frère, il a peur de se sentir oublié. J'ai habité B... pendant un an et demi et ça me l'a pas fait autant. Ça me faisait énormément de bien de me retrouver. Je suis le plus indépendant des trois.* [Entre les deux autres frères] *c'est très fusionnel. Je dis pas que c'est pas sains mais c'est pas clair.* [Plus tard] *mon petit frère va se révolter. Je crois que ça sera nécessaire pour remettre les choses à leur place.* [L'aîné] *il a été le premier et je sais pas si ça joue la place mais il a tout de suite adopté l'attitude de mon père.* [Le père] *il voyait que j'étais quelqu'un de très triste.*

Anne : 7 ans et 5 mois. Une sœur aînée de 9 ans, jamais prénommée et un benjamin de 4 ans, Paul.

La grande sœur, elle est grande, et gentille. Des fois elle est un petit peu méchante. Elle dit des gros mots. Moi, quand on m'en dit, je suis pas contente. Elle a les cheveux bruns comme moi, jusque-là [épaules]. *Quand je la regarde hé bé on dirait une princesse. Le petit frère lui des fois, il est gros et bagarreur. Il me bat. Des fois, c'est moi qui le bat. Il est blond comme la maman. Blond, blond, un petit peu châtain comme moi. Il est comme la sœur, il est pas gentil, comme la sœur. Y a une fille, elle me prend pour une idiote, comme si j'étais une vieille chaussette pourrie. Comme si, moi, j'étais un chien. Nous on a décidé de faire une cabane ; y a même pas de toit. Y a un arbre à côté ça lui fait un toit, l'arbre à ma sœur, à cause d'une tempête il va tomber. Moi mon arbre il est un petit peu presque plus grand que celui à ma sœur. Il est pas encore plus grand. Celui à mon petit frère il est petit jusque-là* [genoux].

Ma sœur, elle était MIGNONNE quand elle est née. [Le petit frère quand il est né] *il me regardait il était comme ça* [gros yeux]. *Moi j'étais contente... d'avoir un petit frère. Moi je veux un autre petit frère comme ça on pourra faire des équipes pour jouer au football. J'ai eu même un ordinateur à Noël, avec cet ordinateur je peux faire TOUT. Maman, elle au moins, elle m'a donné à manger quand j'étais petite. Elle m'a donné le biberon. Elle m'a pas grondé quand je faisais des tétées parce que je la mordais. Je la mordais avec mes lèvres. J'avais pas encore de dents.* [pas le petit frère] *Y a que moi parce que ça allait pas assez vite... J'ADORAIS le lait* [prend un ton adulte]. *J'étais comme ça* [mime la tétée]. *Avec ça, je mordais* [les gencives].

[Mes dents] *elles sont en retard. Parce que normalement elles tombent à 6 ans. Je suis en retard.* [à la naissance de mon petit frère]. *Je me souviens plus mais j'imagine. Je le trouvais TRES beau. Il avait des cheveux noirs comme mon papa. Je vais me déguiser en marquise. J'ai la* perruque, j'ai la baguette. *Les marquises, ça a des fois des baguettes comme ça, comme des fées. C'est une étoile, elle s'est transformée en carré jaune. J'ai envie d'être cette dame parce qu'elle est TRÈS belle.*

Benoîte : 48 ans. Une sœur aînée de 16 mois de plus qu'elle, Géraldine et une benjamine de 6 ans et demie de moins, jamais prénommée.

J'ai une sœur aînée qui vient de fêter ses 50 ans. J'ai pu me rendre compte à quel point elle était restée jolie. Ma petite sœur, j'ai très mal supporté. J'étais très jalouse d'elle. Je voulais lui casser les bras. Il fallait la mettre à la poubelle. Mon père [l'] appelait son « petitou ». J'étais très jalouse d'elle. Je jouais très souvent avec Géraldine... ma sœur aînée. J'étais le bébé en bonne santé, le bébé bien portant. Ma sœur aînée était très chétive, très seule, très solitaire. J'avais l'impression de servir à quelque chose dans ce dynamisme qui lui manquait. Géraldine... était vraiment un gros problème pour mes parents. Ils se sont fait beaucoup de soucis pour elle. Non c'était pas moi l'aînée. Elle a tenu une très grande place. D'aînée je sais pas. A l'adolescence elle était une bonne élève. Elle était donc une petite fille à imiter. Il fallait toujours que je me défende par des excès. [En pension] je me suis séparée de Géraldine... J'ai trouvé une amie d'enfance avec qui je suis toujours. Cette amie est aussi une fille aînée. Je disais « moi, j'ai pas d'exemple à donner ». Quand le petitou de mon père est arrivé ça a déclenché chez moi de la jalousie, de la rivalité et l'agressivité. Elles ont eu des parcours extrêmement brillants. [Pour ses 50 ans] Géraldine... était comme une star. Pour moi Géraldine..., c'est la star. J'ai pris des collages de mes deux sœurs dans les aspects les plus rayonnants et les plus magnifiques et moi, au milieu, je me suis mise en recul. Actuellement je ne suis pas du tout dans la moindre revendication vis-à-vis d'elles.

[La petite sœur] elle m'a pris mes parents. « Et moi c'est quoi, qu'est-ce que je suis là-dedans ? ». Je supportais pas. Être près de ma grande sœur et me dire que la petite, elle existe pas. Ma jeune sœur a été réellement désirée. Je n'ai jamais pensé que maman ne m'ait pas aimée ou moins aimée, jamais.

Elle m'a dit « Non, taratata moi je suis l'aînée, j'innove, toi tu te débrouilles ». J'étais constamment dans la contestation. Mes sœurs étaient beaucoup plus souples. J'ai refait le monde à ma façon. La dernière est restée avec mes parents [elle n'est pas partie en pension]. *Elle a échappé à ça. Je détestais les murs, c'était une prison. Il fallait toujours que je prouve quelque chose... J'étais désignée pour le faire* [reprendre la propriété].*On est très fières de notre gémellité, entre guillemets qui se perpétue à travers sa fille et mon fils. J'ai beaucoup écrit sur... ma jumelle. Voilà les beaux bébés* [ses deux sœurs].

LES RELATIONS

FRATERNELLES

> « Il serait peut-être doux d'être alternativement victime et bourreau ».
> Baudelaire « Mon cœur mis à nu »

L'étude des relations fraternelles a fait l'objet de multiples ouvrages écrits par des psychologues ou des psychiatres (rarement par des psychanalystes). Quoi qu'il en soit, ces ouvrages — Daniel Gayet « Les relations fraternelles », Delachaux et Niestlé, Sylvie Angel « Des frères et des sœurs », Robert Laffont, Francine Klagsbrun « Frères et sœurs pour le meilleur et le pire » Bayard édition, pour les plus récents — n'apparaîtront pas dans les pages qui vont suivre. Le parti pris de laisser le plus possible la parole aux enfants du milieu ne me laissant pas ce choix. Certes, ces travaux ont des qualités mais ils s'appuient presque exclusivement sur une méthode de recherche qui laisse la plus grande part aux statistiques et aux tableaux en tous genres. Ainsi, page 18 des « Relations fraternelles » de Gayet, peut-on lire une explication sur l'inéga-lité intellectuelle à l'intérieur de la fratrie (Gayet n'adhère pas, mais cite quand même...).

Une étude de Hunter M. Breland (cité par Zajonc, 1975) portant sur 800000 [*sic*] étudiants américains donnait les moyennes suivantes de QI pour les familles de trois enfants :

	Moyennes QI
Premier de 3	106,14
Second de 3	103,89
Dernier de 3	102,71

Dana (1978, page 125) donne les estimations de Q.I. suivantes, selon le rang de naissance :

1	2	3	4	5	6	7	8	9	10
101,3	100,7	98,9	97,0	95,6	94,7	92,7	92,7	91,6	91,4

N'ayant, pour ma part, interrogé que neuf enfants du milieu et non pas 800000, l'approche devait être différente. Que me disaient-ils ces neuf-là ? Relire et relire les entretiens, jusqu'à presque les savoir par cœur (quelle jolie formule décidément), puis choisir dans la multiplicité des thèmes, ceux que je garderai pour ce travail.

Ils m'ont dit « ressemblance ». Que pouvais-je entendre par là ? Ressembler (re... et sembler), du latin simulare, avoir de la ressemblance nous dit Littré et nous trouvons au mot ressemblance la définition suivante : « Degré plus ou moins parfait de conformité entre les personnes ou les choses. » Voilà qui ne peut que nous faire penser à la définition de l'identification donnée par Laplanche et Pontalis in Vocabulaire Psychanalytique : « Processus psychologique par lequel un sujet assimile un aspect, une propriété, un attribut de l'autre et se transforme, totalement ou partiellement sur le modèle de celui-ci. » La différence entre les deux mots (ressemblance et identification) serait donc contenue dans celle de Degré et

Processus. Il y a d'une part un état de fait, et de l'autre un mécanisme ne relevant plus uniquement de la nature. Il va sans dire que ce processus est inconscient et que cette définition ne concerne à proprement parler que l'identification « secondaire » puisque le sujet est déjà formé. « Avoir et être chez l'enfant. L'enfant aime bien exprimer la relation d'objet par l'identification : je suis l'objet. L'avoir de la relation ultérieure retombe dans l'être après la perte d'objet. Modèle : sein. Le sein est un morceau de moi, je suis le sein. Plus tard seulement : je l'ai, c'est à dire je ne le suis pas. »[1] Pour Freud l'identification est l'opération constitutive du sujet ; elle serait donc « primaire ». Dans « Psychologie Collective et Analyse du Moi » il décrit trois formes de cette identification : la première préœdipienne est dite cannibalique et ambivalente ; elle est la forme originaire du lien affectif à l'objet ; la seconde est un substitut régressif d'un choix d'objet abandonné ; la troisième, qui est nommée identification hystérique, concerne moins les relations frater-nelles et, de ce fait, ne sera pas retenue.

Ils m'ont dit « différence », et j'ai entendu « contre-identification ». Cependant, comme pour ce qui précède, il s'agit là de nuancer... Différer de (intransitif et non pas transitif) : de : Diffèro, distuli, delatum, differre (Dis + Fero).

Dis : division, séparation ou distinction. Par extension : achèvement, plénitude.

Fero, tuli, latum, ferre : porter. Du grec : Fero : porter.

Être différent serait « porter » en soi quelque chose de « distinctif ». Mais de même que précédemment, il faut entendre là un « degré », alors que la contre-identification serait aussi le résultat d'un « processus ». Par contre-identification, il faut comprendre non pas un refus d'identification mais une identification qui s'est à un moment donné construite (vraisemblablement sur le mode cannibalique et ambivalentiel), puis dont l'objet a été expulsé. Il faut qu'il y ait eu une connaissance

---

[1] Freud (S), *Résultat - Idées - Problème*, P.U.F, 1985, p. 287.

préalable de l'objet identificatoire, et donc une certaine assimilation pour que la contre-identification ait lieu.

Alors, que peut-on attendre de ces enfants du milieu face à cette identification, contre-identificartion qui, dans leur bouche, se dit ressemblance et différence ?

On se ressemble beaucoup...

On est très différents avec mon frère [...] Physiquement on se ressemble beaucoup, il paraît. Pour Martine il n'y a donc de ressemblance que physique, sinon la différence est très marquée. Jean la reconnaîtra lui aussi. Quand je lui demande à qui il ressemble : *A Joseph... on me dit* ; puis plus loin *y a des profs qui disent qu'on se ressemble avec Joseph...* [...] *Elle me dit à chaque fois je te confonds avec ton frère.*

Pour Martine et Jean il est à noter que cette ressemblance est toujours signalée par les autres : *il paraît* dit l'une et, *on me dit* déclare l'autre. Pour la petite Anne au contraire, il y a recherche désespérée de ressemblance avec l'aînée : *Elle a les cheveux... heu... bruns comme moi* [elle les a très blonds en fait]. *Elle a les cheveux bruns.* Et Benoîte revendique une *quasi gémellité avec ma sœur* bien qu'elle la fasse souffrir. Mais cette gémellité qu'elle accepte et qu'elle rejette à la fois est-ce vraiment son regard ? *Toutes petites, maman nous habillait pareil* dit-elle, et plus loin : *on est très fières de notre... gémellité entre guillemets... qui se perpétue à travers sa fille et mon fils.* Fière... drôle de terme... n'est-on pas fier de ce qu'on a acquis et non pas de ce qui est inné ? Cette ressemblance revendiquée n'est-elle pas, par conséquent, une fausse ressemblance, une ressemblance voulue par les autres ? *Il paraît, on me dit* ; Martine et Jean seraient-ils plus clairvoyants ? La ressemblance ne se voit pas, parce qu'il faudrait pour cela se voir soi-même ; or, en tant que sujet, on ne peut que s'imaginer. De là toute l'incapacité d'un sujet à découvrir une ressemblance avec un autre sujet. Cette « découverte » parfois révélée par des photographies ne se fait jour que d'une manière fugitive. D'ailleurs Benoîte vit entourée de photos, d'elle et de sa sœur aînée (aucune des trois sœurs), comme pour vérifier en permanence cette ressemblance tant désirée et aussi, peut-être, cette différence douloureusement acquise.

Et avec le benjamin ?... il faut dire qu'ils en parlent si peu... Martine n'a pas besoin de l'intermédiaire du regard des autres pour déclarer une ressemblance totale avec la benjamine : *Et ma sœur, heu... bè c'est, elle est exactement comme moi. La même tête, c'est pareil, on se ressemble énormément.* [...] *Ma sœur est comme moi. La même taille... heu... pas tout à fait la même corpulence, effectivement... elle est plus arrondie, sans l'être énormément mais... et, heu... qui... non... qui est comme moi, qui sait parler quand il faut parler. Y a peut-être pas, effectivement le même... heu... le même côté provocateur... Mais elle y vient, elle y vient. Je lui apprends des petites choses. A réfléchir sur certaines choses.*

Comment se fait-il que là, Martine voit la ressemblance ? Est-ce parce qu'elle est l'initiatrice ? *Je lui apprends,* donc elle devient comme moi, je l'ai faite à mon image, la petite sœur. Avec l'aîné, ne prenait-elle pas le risque en la voyant, cette ressemblance, de se perdre à l'intérieur ? Pour que le cadet existe, ne faut-il pas qu'il se pose comme radicalement différent de l'aîné, alors que le troisième est accepté comme semblable puisque dépendant de lui ? Le cadet peut donc sans risque se voir dans le benjamin, et même il est possible qu'il s'y contemple comme Martine ; mais il faut dire que dans ce rapport du second au troisième, l'objet identificatoire est le cadet. Il y a là une relation de maître à disciple qui est très clairement exprimée par Pierre : *La vraie rencontre avec Nathalie, c'est quand je me mets à composer, et qu'elle se met à chanter ce que je compose* [...] *On sent que c'est moi qui leade, quoi.* Et le « Être comme » de l'identification est pour l'enfant du milieu « être comme... moi ». Il reconnaît la ressemblance parce qu'elle est son « œuvre ». *Depuis cinq ans on est parfaitement liés l'un à l'autre de façon immortelle.* Voilà... on est toujours un peu Dieu, quand on a enfanté un semblable.

Pour quitter cette ressemblance admise ou pas, et avant que de passer à l'étendard brandi de la différence il est possible de dire que l'identification du cadet à l'aîné est « oubliée », ne peut pas être reconnue sans risquer de s'y perdre. « Avec l'identification, ce qui domine, c'est la similitude de traits tant psychiques que physiques qui relie le Moi à l'objet gardant son autonomie externe »[1]. L'enfant du milieu laissera donc aux autres le soin de voir cette ressemblance (*on me dit...*) mais il n'aura besoin de personne pour rendre évidente celle avec le(la) benjamin(e) puisqu'il pense en être le créateur. Il y a donc d'un côté un aîné qui est pour le cadet « l'objet gardant son autonomie externe », donc inatteignable en quelque sorte, ou plutôt l'objet qu'on ne peut avoir ; et d'un autre côté un Moi du benjamin qui place cet enfant du milieu dans la position de l'objet autonome et identificatoire. Nous comprenons un peu mieux pourquoi il voit une ressemblance, et pourquoi il ne voit pas l'autre. Et il serait même plus sage de dire : il dit qu'il voit et il dit qu'il ne voit pas, sachant que l'affirmation est l'équivalent de l'unification (œuvre d'Éros) et la négation, le successeur de l'expulsion ou de la pulsion de destruction (œuvre de Thanatos).

---

[1] Rosolato, *La relation d'inconnu*, p. 110.

On est très différents...

« Des différences se sont introduites dans cette ressemblance si frappante dont tout le monde parle encore ».[1]

Pour certains, ces différences ont été simples à trouver parce qu'elles reposaient, au départ, sur une différence ou une non-ressemblance physique avec le reste de la fratrie. Comme Benoîte, par exemple, qui dit : *Mes deux sœurs sont bouclées.* [...] *Mais tout ça tout le monde le disait :* « *UNE tête raide entre DEUX têtes bouclées* »... *mais au moins, comme ça... même si j'étais le numéro 2... avec toutes ces différences... au moins, je savais que j'étais différente... ça pas été très difficile...,*

Pierre : *Il est très beau* [...] *ma sœur est vraiment une très belle brune et* [...] *mon frère est beau.* [...] *je me considère comme le moins beau de la famille*, et encore Michel qui est très *mince* a deux frères imposants : *Il est très imposant par rapport à moi. Il me ressemble pas du tout* [...] *il est très grand* [...] *il est très imposant physiquement.*

Ces différences-là se voient donc, tout le monde peut les constater, le miroir les confirme. D'autres comme Fanny ont la « chance » d'être l'unique fille de la fratrie. La différence avec les frères devrait donc aller de soi. Mais... l'identité sexuelle n'est

---

[1] M. Duras, *Agatha*, p. 33.

49

pas ce qui s'acquiert le plus facilement. Alors, Fanny en rajoute avec l'esthétique : *Oui très petite, c'était déjà les bijoux, les coiffures*, et pour parfaire la différence, elle est la seule à ne pas faire d'études. Le benjamin *a fait des études d'ingénieur de génie mécanique et l'aîné, il est dans la marine marchande, il a un grade, heu... très élevé. C'est-à-dire, il est juste en dessous du Pacha, quoi*, alors qu'Albert, au contraire, se différencie en en faisant : *Le seul diplômé de la famille, c'est moi. Et... heu... j'ai fait des jaloux... mon frère, ma sœur...* il en est encore tout content !

Comment se sont-elles introduites, ces différences ? Pour Pierre, c'est la vie et le monde extérieur qui les a provoquées : *Il était apprenti coiffeur* [...] *j'étais toujours au lycée, j'étais à la musique aussi* [...] *on avait deux vies séparées... deux vies différentes*. C'est comme ça... comme une fatalité, la différence avec l'aîné s'est faite toute seule. Nous avons vu dans les pages précédentes que la ressemblance qu'il reconnaît avec sa benjamine est au contraire, de sa part, un travail d'appropriation... Pour Martine, les différences ont toujours été là : *Lui, il réussissait tout et puis moi... moi je parlais et puis c'est tout* [...] *lui, il parlait pas, il bossait. On était tellement différents. J'ai toujours été quelqu'un à part.* Sait-elle Martine que, comme dit Lacan, un sujet en tant qu'il se réduit à la coupure est strictement identique à un autre sujet ? Seul son symptôme lui confère une originalité, et sans doute est-ce aussi pourquoi il y tient tant. Car Martine, accrochée à son symptôme, crie qu'elle n'est pas son frère, qu'elle est « *à part* ». Elle a un besoin farouche d'être « *tellement* » différente pour tenter de vivre. Mais le sait-elle ?

Benoîte, elle, le sait : *Le souci de toujours se différencier : bon, j'étais pas une bonne élève ; elle était une bonne élève. Ça toujours été comme ça : tout ce qu'elle faisait de bien, fallait que je fasse...* Et encore elle dit le souci, je dirais : l'harassant labeur d'être toujours, sans repos, *extrêmement excentrique, provocante* [...] *mauvaise élève* [...] *constamment punie, rebelle* [...] *rebelle*.

Ces enfants du milieu clament donc leur différence et on pourrait penser, à première vue, qu'elle s'applique à l'aîné(e) comme au benjamin. Mais peut-être, n'est-ce valable que pour la différence mise en avant, qu'on pourrait nommer constitutionnelle, comme pour Michel par exemple, qui se retire derrière cet état de fragilité physique pour justifier son originalité dans la fratrie. Cependant c'est bien du frère aîné qu'il se sent le plus différent, et ceci très tôt, puisqu'il dit en parlant des complications qu'il a amenées dans le rôle éducatif du père : *ça devait pas être facile ce second qui était si différent.* Et pourtant, en regardant vivre des frères et des sœurs, il est tout à fait évident que le cadet « singe » continuellement son aîné dans leurs premières années de vie, en tout cas dans la période préœdipienne du second. L'aîné, lui, ne change pas, le changement se produit chez le cadet, et de la même manière que l'identification, la contre-identification demeure inconsciente. La plupart des seconds seraient bien étonnés de savoir qu'ils aiment les livres parce que l'aîné ne les aime pas, ou qu'ils sont rebelles parce qu'il est soumis. Mais tout ceci n'éclaire pas vraiment ce mécanisme de contre-identification. La question demeure du pourquoi cet acharnement à être différent. Peut-être les pages suivantes nous éclaireront-elles ? Il est en effet évident que les relations fraternelles sont un tout divisible mais dont les parties s'imbriquent et font cause à effet à chaque fois. Le problème de l'identification/contre-identification trouvera certainement un début d'éclairage avec l'étude des sentiments ambivalents qui va suivre.

Je peux pas l'encadrer...
Je l'aime bien...

Avec mon frère on pouvait pas se saquer [...]. *Enfin, moi je pouvais pas le saquer. Ça créait chez nous une haine l'un envers l'autre.* [...] *Finalement, je l'aimais bien*[1].

Y aurait-il, dans les relations fraternelles, une transformation des sentiments comme dans les films américains, où les héros commencent par se haïr, pour tomber dans les bras l'un de l'autre, ou bien n'y a-t-il qu'un seul sentiment à deux visages ? Peut-être les deux coexistent-ils ? Peut-être n'y a-t-il que la haine. L'amour n'est-il que son retournement ? Ce qui est sûr, c'est que les deux, qu'ils soient préexistants ensemble chez tous ou que l'un soit la transformation de l'autre, les deux donc, sont présents dans les entretiens. Ce qui change, en quelque sorte, est l'intensité des sentiments, et c'est ce qui provoque ou non leur « transformation ».

Martine déclare avoir haï son frère aîné puis, quand ils se retrouvent seuls tous les deux à... : *y avait pas ma sœur, y avait pas ma mère* et surtout : *il pouvait faire des choses extraordinaires pour moi* ; évidemment, la haine tombe et devient un sentiment tendre.

---

1 Martine

Cette haine donc, est la conséquence des relations à la mère et à la benjamine, en même temps qu'elle se nourrit du sentiment tout à fait narcissique de ne pas être aimée par ce frère. Quand toutes ces conditions ne sont plus réunies, Martine se met à « *aimer bien* » ce frère. C'est que je n'ai pas rencontré Martine à sept ans comme Anne qui, elle, demeure dans sa haine : *L'arbre à ma sœur, à cause d'une tempête... il va tomber.* Cet arbre justement qui représente la sœur, cet arbre né en même temps qu'elle, cet arbre qui, en plus, sert de toit (de toi ?) à la cabane... il va tomber et Anne, enfin, n'aura plus besoin d'accumuler les adverbes diminutifs : *Moi, mon arbre il est un petit peu presque plus grand que celui à ma sœur* parce que *:* [à voix basse] *Il est pas encore plus grand* mais puisque celui qui est grand et qui sert de toit, va tomber...

« L'observation attira mon attention sur plusieurs cas où dans la prime enfance des motions de jalousie particulièrement fortes, issues du complexe maternel, s'étaient affirmées comme des rivaux, la plupart du temps des frères plus âgés. Cette jalousie conduisait à des attitudes intensément hostiles et agressives contre les frères et sœurs, attitudes qui purent aller jusqu'au désir de mort mais ne survécurent pas au développement. »[1] Le passage à l'acte pour le cadet est interdit. Dans la littérature comme dans la mythologie, c'est l'aîné qui tue le cadet parce que tout le monde s'accorde pour accepter la jalousie de cet aîné, ou tout au moins pour la comprendre. Et Freud continue : « Sous l'influence de l'éducation, sans aucun doute également par suite de leur impuissance persistante, ces motions en vinrent à être refoulées et il se produisit une transformation des sentiments, si bien que les ci-devant rivaux devinrent les premiers objets d'amour homosexuels »[2]. Benoîte confirme la pensée de Freud : *Elle était pour moi une compagne de jeu très précieuse* bien sûr ! Cette sœur aînée était très malade et le mot précieuse n'est pas innocent. *J'avais beaucoup de.... fierté à.... amuser ma sœur aînée* ; peut-être était-elle surtout fière d'avoir dévié sa haine...

---

[1] Freud, *Névrose, Psychose et perversion*, pp. 279-280.
[2] Freud, ibid., mêmes pages.

Géraldine était vraiment un gros problème pour mes parents.... ils se sont fait beaucoup de soucis pour elle.

« Sous l'influence de l'éducation » écrit Freud : il ne fait aucun doute que Benoîte a été chargée par ses parents inquiets d'amuser la sœur malade et peut-on, a-t-on le droit, de détester une sœur malade ? Benoîte ne veut pas être un monstre (qui le veut ?). Benoîte se met à adorer sa sœur et nous verrons plus loin combien. Heureusement (et c'est un paradoxe) une petite sœur arrive qui va capter la haine refoulée : *Ça, c'était beaucoup plus dur, ça a déclenché* [elle dit bien déclenché !] *vraiment chez moi... de la jalousie, la rivalité... et l'agressivité.* Mais il n'y a ni la même intensité, ni la même culpabilité, et Benoîte se permet encore un peu d'agressivité avec la benjamine : *on est toujours plus heu... facilement agressives toutes les deux, avec ma jeune sœur qu'avec ma sœur aînée.* Et d'une manière moins excessive, mais qui laisse rêveuse, Albert me dit : [avec son frère aîné] *on se voit pas, on se téléphone pas... on est pas fâchés.* Mais *moi, j'étais fâché avec ma sœur. Parce que ma sœur ne voyait que par mon frère.* Beaucoup plus facile et moins dangereux, on se fâche avec la benjamine parce qu'elle semble préférer l'aîné avec lequel on ne se fâche pas ! On déteste quand même la belle-sœur. *Comme j'avais de très mauvaises relations avec ma belle-sœur... qui m'a fait des tours de salaud pas possibles ...* Quand on n'a pas encore la chance d'avoir une belle-sœur ou un beau-frère comme Albert, reste la haine admise pour le benjamin : *je peux pas l'encadrer,* me dit Jean ou s'il n'est pas encore né, pour les autres enfants (de préférence du même sexe que l'aîné) : *à l'école maternelle, je tapais les filles* [...] *je leur mettais des coups de pied* me confie Samuel. Et là où on ne m'a pas « dit » la haine, nous verrons bien qu'il y en a des manifestations. Sauf pour Michel, mais son entretien raté en disait beaucoup plus. A tel point qu'il est le seul à m'avoir demandé d'arrêter l'enregistrement, se sentant mal (ce sont ses termes) quand je lui demandais s'il pensait que son aîné avait été jaloux de lui, ou le contraire. Dans l'entretien « réussi »[1] il me dit : *on voit souvent des frères qui s'entendent pas... même s'ils habitent dans la même maison, ils sont très loin l'un de l'autre* [notons le singulier]... *Et ce n'est pas le cas, heu... entre nous...*

Et je lui répondrai par la voix de Baudelaire qui le dit mieux que moi :
« Et cependant voilà des siècles innombrables
Que vous vous combattez sans pitié ni remords,
Tellement vous aimez le carnage et la mort,
Ô lutteurs éternels, ô frères implacables ! »[2]

A part Martine qui a fait la paix avec sa haine, et Benoîte qui montre un amour démesuré pour sa sœur, les sentiments hostiles ont été très dominants. J'attendais des discours de connivences, de rires échangés, de bons souvenirs. Ils ont sûrement existé cependant, ces moments-là. MAIS...

Ambivalence... pour dire l'amour peut-être aussi faut-il dire la haine, puisque « tout comme les sentiments tendres, les sentiments hostiles sont un signe d'attachement »[3], et que « c'est la haine et non l'amour qui est la relation sentimentale primaire entre êtres humains »[4]. Or donc, ce qu'on nomme « Fraternité » dans le sens d'amour du prochain ne serait qu'une acquisition culturelle jamais achevée et, en tout cas, jamais donnée. L'accès à l'humanisation est au prix du relâchement de cette haine primitive, du relâchement disons-nous et non pas de son retournement contraire. Le risque est grand, sinon, de devenir ce Napoléon 1er dont parle Freud à Thomas Mann dans sa lettre du 29 novembre 1936. Curieuse analyse d'un cadet « démoniaque »

---

[1] Le premier entretien s'est soldé par un échec. Au bout de trente minutes je me suis aperçue que mon magnétophone ne fonctionnait pas. La totalité de l'enregistrement était perdue. Nous avons repris l'entretien (celui que je dit « réussi ») quatre jours plus tard.
[2] Baudelaire : « L'homme et la mer » in *Les Fleurs du Mal*.
[3] Freud, *Introduction à la Psychanalyse*.
[4] Stekel, *La Langue des Rêves*, 1911, p. 536.

écrite à un cadet « supplanteur » (Thomas Mann avait un aîné écrivain comme lui mais beaucoup moins brillant).

« La haine primitive avait donc été surcompensée, mais l'ancienne agressivité, jadis libérée, n'attendait que d'être déplacée sur d'autres objets. Des centaines de milliers d'individus indifférents expieront le fait que le petit homme féroce a épargné son premier ennemi »[1].

---

1 Freud, *Correspondances 1873-1939*, Paris, Gallimard, 1965, p. 471.

On dirait une princesse...

Admiror (àtus, sum, àri) :	s'étonner, admirer, trouver étrange
Ad :	1. idée de mouvement → vers, à 2. idée d'attacher, lier, ajouter, annexer 3. adaptation, accompagnement 4. adhérence 5. participation à
Miror (àtus, sum, àri) :	s'étonner, être surpris

Il va sans dire qu'admirer un paysage n'est pas équivalent à l'admiration pour quelqu'un. Bien que l'étonnement soit toujours le fond de la chose. Ces enfants du milieu admirent donc... et bien sûr en particulier leur aîné. Lorsque nous parlons d'admiration, nous faisons plutôt référence à l'objet admiré qu'à celui qui admire. Or, qui et comment admire-t-on ? En premier lieu, avec le stade du miroir et la constitution du sujet, il semble que celui qui admire (qui se mire dans un miroir) soit aussi l'objet de l'admiration. Cependant, nous dirions que celui qui se mire (de *miror*) n'est pas, n'est jamais, n'adhère jamais totalement à l'objet admiré. Il s'agit là de rajouter « ad » (adaptation, accompagnement). Première expérience donc pour Lacan, précédée pour Winnicott, du regard de la mère (« tes yeux sont un miroir »...). Au fond, nos admirations futures resteront à jamais entachées de ce premier « mirage ». Pouvoir donc admirer un autre objet que soi-même, c'est peut-être une victoire sur un narcissisme mortel. Celui qui consiste à se contempler dans l'autre est un narcissisme qui sauve au lieu de tuer. « Que l'importance soit dans ton regard, non dans la chose regardée »[1].

Anne : [Ma sœur] *quand je la regarde, hé bè on dirait une princesse.* Fanny : *Lui, il était sage, il travaillait bien à l'école, il posait aucun problème à mes parents parce qu'il faisait pas les 400 coups. Quand je parlais de lui je disais : Mais lui, il est sage. Lui, il est intelligent. Lui, il va avoir une belle situation.* [...] *Et puis il jouait de la guitare aussi.* [...] *En plus il jouait de la guitare. Bon, moi j'avais essayé trois fois. Ça m'avait énervée... j'avais presque cassé la guitare ; donc, j'étais nulle....* [...] *Mais lui... oui, oui j'avais de l'admiration.* Si je me sens obligée de réserver mon impression sur l'admiration de Anne, Fanny, elle, n'est que louanges pour ce frère aîné : la rivalité ne sera jamais déclarée, et le renoncement dont l'épisode de la guitare n'est qu'un exemple, sera total. Fanny brillera à travers son frère et même ses frères comme Agatha :

« Elle — C'était la deuxième, la première petite fille, celle qui venait après lui, le deuxième enfant... elle était paresseuse... .

Lui — Je n'aurais pas dit ça, j'aurais dit que c'était comme si elle s'en était remise à son frère qui, lui, jouait très bien... comme si ce n'avait pas été la peine pour elle, vous voyez... de jouer... de vivre... du moment qu'il le faisait, lui, si merveilleusement, elle disait : rien que cette façon de poser les mains sur le clavier et d'attendre... la respiration s'arrête... elle disait que ce n'était pas la peine... puisque lui... le faisait..»[2]

Il y a donc ceux qui se soumettent, qui renoncent par découragement. Comme dit Bazin « se décourage moins qui ne s'est pas d'abord essoufflé à rattraper un père important » ; nous pouvons mettre aîné à la place de père. Et puis il y a ceux qui admirent mais ne renoncent pas. *Géraldine était là vraiment... comme*

---

1 Gide, *Les nourritures terrestres*, p. 21.
2 Duras, *Agatha*, p. 62.

une... comme une STAR dans cette assemblée. Et, c'est vrai que de nous trois, pour moi, c'est Géraldine la STAR. Elle admire, elle admire Benoîte, mais elle combat : *Il fallait toujours que je prouve quelque chose...* [...]. *Toute ma vie, il fallait que je gagne des diplômes.* Elle dit avoir tenté ainsi, de forcer l'admiration de son père. Sans doute ; mais pas de lui seul...

Au tout début de sa vie, le cadet ne différencie pas le père, la mère, de l'aîné. Pour l'*infans* cette triade est Une. En effet l'aîné a toujours fait partie de cet univers, qu'il découvre ou qu'il crée selon Winnicott. Le cadet a donc créé sa famille et même si nous nous référons à Dolto, il l'a choisie. De toute façon pour lui, l'aîné a TOUJOURS été là. De plus, cet aîné possède le langage des parents, se comporte (selon lui) comme eux et semble donc appartenir plutôt au monde des non-dépendants (les nuances dans la dépendance ne sont certainement pas sensibles au tout petit humain). En effet, il marche comme eux, parle comme eux, vaque à des occupations mystérieuses, etc...

A quel moment le cadet va-t-il savoir que cet adulte miniature fait partie du monde des enfants ? Toute cette partie de notre vie étant frappée d'amnésie infantile, il est bien difficile de le savoir. Peut-être une cure psychanalytique pourrait-elle mettre à jour quelques notions de relations fraternelles préœdipiennes, mais je n'ai rien trouvé sur ce sujet, le but de la cure étant plutôt de « travailler » la relation enfant-parents. Rien n'est dit de ce lien entre cadet et aîné qui cependant, comme les liens parentaux, peut se nommer préhistorique. Tous les écrits tournent autour du « traumatisme » de la naissance d'un puîné et jamais à ma connaissance, la force des liens ambivalents et primaires du cadet à l'aîné ne sont étudiés. Nous ne pouvons donc que supposer un attachement, qui sans aucun doute modifie les étapes du développement de l'enfant. Tout ce qui arrive à ce puîné n'étant qu'une « seconde main », cela ne peut pas ne pas changer son rapport aux parents et surtout pendant sa période œdipienne. Mais ceci est une autre histoire qui mériterait un travail approfondi. Voici donc notre cadet qui découvre que l'aîné ne fait pas partie des dieux supérieurs. Que peut-il s'ensuivre ? Ce dieu tombé de l'Olympe demeurera-t-il néanmoins un demi-dieu, ou sera-t-il mortel tout simplement ? Peut-être est-ce là que se joue le passage entre l'admiration et le mépris ?

Avec condescendance...

Mépris : | de mé et priser : accorder peu ou pas de
Mépriser : | prix

L'aînée de Benoîte, *compagne de jeu très précieuse* ne sera pas frappée de mépris, elle demeure une *star* mais pour cela n'a-t-il pas fallu à Benoîte, nier le fait que cette sœur soit née avant elle ? Cette gémellité tant désirée ne dit-elle pas le refus d'être seconde et ne dit-elle pas, par conséquent, qu'elle ne veut rien savoir de cette histoire d'avant la mémoire, de cette histoire où l'aînée, si elle était admise comme telle, pourrait chuter ? Il est curieux que Benoîte malgré une *longue psychanalyse*, dise ne pas avoir de souvenirs d'enfant avant 8 ans !

Le mépris pour l'aîné serait donc peut-être le résultat d'une désillusion très forte. Quant à celui pour le benjamin (celui qui suinte le plus dans les entretiens) il pourrait venir du prix exorbitant que les parents lui accordent — ou que l'enfant du milieu croit qu'ils accordent — et que le second, par défense, réduit à zéro. Peut-être aussi est-ce le mépris qu'il n'était pas possible d'avoir pour l'aîné ?

« Dans la chambre d'enfant, il y a aussi d'autres enfants, plus âgés ou plus jeunes de très peu d'années, qu'on aime pas beaucoup, pour bien des raisons, mais principalement parce qu'on doit partager avec eux l'amour des parents, et qu'à cause de cela on repousse de soi avec toute l'énergie sauvage qui est propre à la vie sentimentale de ces années. Si c'est un petit frère ou une petite sœur plus jeune (comme dans trois de mes quatre cas) on le méprise non content de le haïr, et il faut pourtant qu'on supporte de voir comme il tire à lui cette part de tendresse que les parents aveuglés réservent chaque fois au plus jeune. »[1]

Retour à Benoîte qui, on peut le dire, n'accorde aucun prix à cette petite sœur. Toute la tendresse de son père pour le *petitou*, elle va s'en défendre de toutes ses forces par son annulation pure et simple.

— Puisque vous avez 6 ans et demi de différence avec la petite, vous devez vous souvenir de sa naissance... Elle est née à la clinique ?

— *Oui, ha oui... non, elle est née à la clinique... heu... bon... d'abord, grosse surprise parce que je m'étais pas rendu compte que maman était enceinte. Je le savais pas... ce qui m'a valu après, de me faire traiter de godiche et d'imbécile... je m'en étais pas rendu compte...*

— Et la sœur aînée s'en était rendu compte ?

— *La sœur aînée... le savait... après on m'a répondu qu'on me l'avait dit mais que j'avais pas entendu.*

— Et les transformations du corps de votre mère ?

— *Je me souviens de rien, de rien... Je me suis rendu compte de rien. De rien. Et un jour on m'a dit « on va voir maman à la clinique, y a une petit sœur qui est arrivée ». Évidemment... 6 ans et demi, j'étais..... d'une ignorance voire quasiment d'une imbécillité totale. Non, je savais rien du tout. J'étais dans... j'étais dans une sorte de... sur un nuage, j'étais sur un nuage... loin de tout ça, heu... j'avais mon univers de jeux qui... envahissait toute ma vie, avec vraiment beaucoup, beaucoup de... d'intensité... de plaisirs... et je m'étais pas du tout rendu compte de ça. J'avais 6 ans. Et plus loin... Du fait des circonstances, je l'ai gommée un peu, la dernière. Et même : je sens que j'ai été la dernière pendant très longtemps.*

---

[1] Freud, « Un enfant est battu », 1919, in *Névrose, Psychose et perversions*, p. 226.

Anne s'efforce de faire de même. Dans son dessin, le petit frère ne sera visible qu'à la troisième tentative et encore demeurera-t-il d'une couleur pâlichonne avec des mains — et c'est le seul — à trois doigts.

– Tu veux bien me faire un dessin ?
– *Oui... j'en ai plein là.*
– Je voudrais que tu me dessines ta famille.
– *Moi, j'en ai là, plein de dessins.*
– Oui mais je voudrais que tu m'en fasses un pour moi là, maintenant.
– *D'accord... mais j'ai pas de feutres... où ils sont mes feutres... mais moi, j'ai pas de feutres......*
– T'as des crayons de couleurs... fais avec des crayons, alors...
– *Oui...*[Commence à dessiner... Fait une petite fille, celle du centre qui est en rouge...].*Normalement c'est brun ou jaune... ou noir... moi je fais rouge parce que.... j'ai pas de feutres...*[Pendant qu'elle dessine, nous entendons le petit frère qui crie en bas de l'escalier et qui commence à monter les marches... je dois paniquer un peu... un des parents le fait redescendre... ouf ! Elle dessine donc en premier lieu sa sœur aînée, puis elle, en noir. S'arrête très longuement].
– C'est fini ?
– *Ah, bè non, c'est vrai, on est pas deux !* [Dessine le petit frère en bleu. Elle met beaucoup de temps parce que son crayon ne marche pas et elle dessine sans qu'aucune trace de crayon n'apparaisse sur la feuille].
– Il est mal taillé ton crayon....[Semble ne s'apercevoir qu'à ce moment-là que le petit frère est invisible... Elle taille son crayon... amélioration très faible du tracé... comme je me penche pour tenter de voir ce frère, elle retaille son crayon et parvient à « donner corps » à son personnage. Sur le dessin original, les coups de crayons invisibles sont nettement marqués en relief dans le papier. Elle s'arrête encore assez longtemps].
– C'est fini alors ?

— *Ah, non...* [dessine sa maman en faisant des boucles et en disant...] *j'avais oublié les boucles...* [Anne a les cheveux très raides et sa sœur bouclés. Puis elle dessine son papa en commençant par la tête et les lunettes.] *Il faut pas faire les branches normalement... Bè dis donc là, il est pas très joli... je sais pas c'qui m'arrive... Qu'est-ce que j'ai fait, moi... Peut-être parce que j'ai dessiné ce matin, au fait ?...*
— T'es fatiguée ?
— *Hum....* [Fait les doigts des mains de son papa en comptant consciencieusement] *un... deux... trois... quatre... cinq... un... deux... trois... quatre... cinq....*[Rectifie d'autres mains sauf celles du petit frère.] *Pas très beau, hein... là.... On sort de la clinique... Mais y a très longtemps... On passe vite devant la clinique... parce que là, il a deux ans, Paul.*
— Sur le dessin, il a deux ans...
— *Hum.... ça c'est ma sœur... pas trop plus grande que moi... maman... et papa. Papa, il est mal fait, hè... Faut qu'j'arrange ce truc...* [Met des ceintures rouges à tout le monde...]

Pâlichot, c'est la couleur du petit frère et c'est le terme de Pierre pour qualifier le frère aîné, *cet espèce de sous-directeur de supermarché – qui était à Dax à l'époque – me paraissait bien pâlichot*, mais il s'en défend et revient sur son jugement : *mais je devais sûrement me tromper [...] ouais, je me suis trompé, je suis revenu sur, sur... sur mon jugement, quoi.* Et moi je n'en suis pas si sûre, enfin... Danger ?

Avec la dernière, pas de problème, on peut y aller directement : *Je regarde ses études avec condescendance.* Bien entendu ce regard-là a changé. Mais même aujourd'hui : *Bon, en gros, je suis l'exemple qu'elle n'a, à mon avis, jamais réussi à dépasser.* Et elle me disait en septembre « *Moi, j'ai tout raté, moi, tu sais, j'ai tout raté* ». Je lui dis « *ça tombe bien parce que moi aussi* ». Mais, elle voulait me dire qu'elle était musicienne ratée, qu'elle était danseuse ratée, comédienne ratée et qu'elle était chanteuse ratée. Mais tout ça mis ensemble, ça fait quelqu'un de parfaitement réussi, quoi. Là, pas de doute, derrière l'amour et l'admiration précédemment affichés, une pointe de mépris perce. Mépris par contre sans nuances que celui d'Albert pour sa petite sœur : *Elle a fini plus tard par faire un truc d'optique. Sans jamais avoir de diplôme.* Alors que pour Martine, il est réservé à l'aîné : *Ma foi, il a réussi socialement — Familialement non — Sexuellement je n'en parle pas, parce que ça doit pas être mieux !* D'ailleurs : *Maintenant, je le plains mon frère,* et pour achever : *Je pense que je représente pour lui l'aînée de la famille.* Ils enflent, ces enfants du milieu. Pour qui se prennent-ils ? *Et moi je réponds «le magma en fusion».*[1]

Et avec un Moi encore plus énorme, Michel méprise indifféremment les deux frères (qui semblent, du reste, être mal différenciés du père) : *Le côté raisonnement que j'ai — je dis pas qu'ils l'ont pas quand même, ça serait grossier de ma part — mais, ils ont heu... heu... comment expliquer....* On peut le rassurer, tout cela est très clair sans explications. Du reste : *Ils sont dans les choses et j'ai la faculté de leur dire ce que sont les choses.* Bien sûr, n'est-il pas le *gardien du terrain* où les deux autres s'adonnent à quelques activités manuelles et superficielles ?

Ainsi donc l'admiration nous paraît un sentiment simple alors que le mépris a divers visages. En premier lieu, notons que l'admiration est un sentiment (en est-il un ?) accordé à l'aîné et rarement au benjamin ; ce qui, en soi, simplifie son approche. Cela n'enlève en rien la complexité de son surgissement, ni la surprise de découvrir son lien avec la haine primitive. L'admiration viendrait donc supplanter des sentiments hostiles, ou bien tout ceci serait-il dès le début, présent ? Peut-on admirer ce qu'on hait, ou mieux, ce qu'on a haï ? Pourquoi pour d'autres, la haine se transforme-t-elle en mépris ? Parce qu'elle n'a pas été refoulée ? Possible... mais simple et mathématique. Et puis ce mépris, peut-on dire qu'il soit le même selon qu'il s'adresse à l'aîné ou au benjamin ? L'enfant du milieu aurait donc deux sortes de mépris à distribuer, un simple, acceptable : pour le benjamin (celui de l'aîné vis-à-vis de la « vermine » que représentent les enfants puînés) et pour l'aîné : complexe,

---

[1] Jean

souvent masqué derrière de la pitié : *Je le plains, mon frère* ou culpabilisant : *Je me suis trompé, je suis revenu sur* [...] *mon jugement.* Mais il est vrai que plus nous avançons dans ce travail, plus les relations de l'enfant du milieu à son aîné nous paraissent un entrelacement de choses contradictoires.

J'étais le... le défaut...

Dans une première version, les notions de souffrance-violence étaient séparées. Le retour aux entretiens, une fois encore, a rectifié l'erreur de vouloir séparer ce qui n'est pas séparable. Il est vrai que la souffrance n'est, à proprement parler, séparable d'aucune des notions déjà vues. Ainsi aurait-on pu travailler la notion de souffrance-amour, souffrance-haine, souffrance-ressemblance, souffrance-différence, etc. Cependant, et bien que l'ayant effectivement rencontrée partout, il semblait que la différencier — ne serait-ce que sur du papier — de la violence, était en quelque sorte ne pas entendre ce que ces enfants du milieu disaient ou voulaient dire. Il y a eu en effet très peu de mots pour la signaler : *triste... jamais contente* et seules deux personnes en « parlent » un peu. Pour les autres... cela allait-il de soi ? Était-ce impossible à dire ? Et puisque je la sentais pourtant bien présente, comment la disaient-ils ? Cela relèverait du lieu commun que de dire qu'un enfant méchant est un enfant malheureux. Alors où et quand sont-ils « méchants » et donc, quand sont-ils violents ?

Partant de la pensée de Merleau-Ponty : « Je ne perçois pas la colère ou la menace comme un fait psychique caché derrière le geste, je lis la colère dans le geste, le geste ne me fait pas penser à la colère, il est la colère même »[1]. J'ai cherché à lire la souffrance dans les gestes de la souffrance. Or, quand ils n'étaient pas décrits, où pouvais-je les entendre ailleurs que dans les silences ? Écrire sur des silences est d'une difficulté que je n'avais pas mesurée jusqu'à ce jour et cependant, il faut bien en dire quelque chose car ils furent nombreux, longs et signes parfois qu'on touchait à ce qui ne pouvait se dire.

Pierre, qui est un bavard, ne fait appel qu'une fois au silence (très long – difficile à rendre dans l'entretien) quand il dit avoir rencontré sa petite sœur au téléphone alors qu'elle vient de faire une tentative de suicide.

– *Et je me souviens d'un coup de fil que j'ai eu avec elle, à la clinique... Moi, je suis à Boston, et... heu... elle est dans son lit, quoi. Elle a failli quand même crever... Et là on discute. Pour la première fois de notre vie, on discute, voilà. À 4000 km de distance, heu... on se rencontre quoi.................................. Voilà....... il faut sûrement des circonstances comme ça, dans une vie pour, bé, pour découvrir qu'on est proche des gens.*

Il est vrai que ce qui domine dans ses relations avec elle, est *un sentiment de culpabilité*. L'autre silence, moins long il est vrai, mais tout aussi douloureux, survient au souvenir de *l'abandon* de la sœur dans une garderie.

Michel, dans le premier entretien, m'a demandé d'arrêter l'enregistrement parce qu'il ne se sentait pas bien. Dans le second enregistrement qu'on peut dire « réussi », son plus long silence fait suite à l'affirmation de l'entente cordiale des trois frères :

– *Non. Non. Ou s'il y a discussion orageuse, c'est... c'est surtout dans un côté, heu... c'est surtout pour aider l'un ou l'autre. Il faut que les choses s'arrangent, quoi. Le fait de ne pas avoir de travail, pour moi par exemple... ça peut susciter chez mon grand frère... des réactions assez vives... mais c'est surtout pour de l'aide, quoi. C'est pas pour... il est pas question de conflit..*

---

[1] Merleau-Ponty, *Phénoménologie de la perception*, Gallimard, 1945, p. 215.

Jean a des silences assez longs, surtout quand il parle de son père et quand il est en colère contre l'aîné : *Mais Joseph il veut plus lui parler..*
..... Enfin je crois que maman préfère Joseph... parce que il a tout ce qu'il veut...

Martine a moins besoin des silences puisqu'elle a trouvé une diversion parfaite dans le téléphone (trois appels auxquels elle a répondu très longuement). Le seul qu'elle ne peut éviter arrive après une petite autosatisfaction :
Et quand quelque chose m'intéressait alors, là, j'étais capable de beaucoup...
C'était pas possible en plus, la place était déjà prise... heu...

Rosolato dit qu' « un manque peut, en effet, concerner non seulement ce qui a déjà été expérimenté mais aussi ce qui ne l'est pas. Nous retrouvons par ce biais la relation fondamentale entre le désir et l'idéal »[1] et Martine dit bien par ce silence et sa sortie, la souffrance liée à un manque de ce qui n'a pu être et non pas seulement de ce qui est perdu.

Albert laisse, lui, peu de place aux silences, mais il marmonne ; et une grande partie de la bande est perdue à cause des difficultés à entendre sa parole. Parole essoufflée... asthmatique, projetée sur moi comme une défense quand l'enfance est sur le point de rejaillir.

— Pouvez-vous me raconter votre premier souvenir, celui que vous pensez le plus ancien ?

— .... *Je me rappelle pas .... heu..................... j'avais une grand-mère... mes parents avaient une épicerie et ma grand-mère... faisait la cuisine et pour Noël on la regardait...* [inaudible, murmures......]...*on jouait dans la cour.... J'ai pas vraiment de souvenir précis* [de nouveau inaudible]............. *Ah si à l'école, si, je me rappelle... j'avais 3 ans puisque je suis rentré à l'école à 3 ans. Exceptionnellement... j'ai fait la crèche vivante et j'étais l'enfant Jésus.*

---

1 Rosolato, *La relation d'inconnu*, p. 106.

— Votre sœur était née ?
— Ma sœur devait être née, oui. J'étais pas bien grand. Autrement, j'ai pas vraiment de souvenirs, non... De gosse, non... [de nouveau inaudible ; la voie est comme pâteuse, le souffle court... impossible d'entendre ce qu'Albert dit]. *Ça commence vraiment quand je suis rentré en pension.*

Fanny, elle, me dit en parlant de son oncle maternel : *c'est la seule personne de la famille pour laquelle je me sens proche.* Puis, silence... Qu'ai-je dit là ? semble-t-elle penser. Pour finir sur les silences et autres manifestations de non-parole, la déconcertante Benoîte me demande de l'aider à en sortir :

— *Je pense que mes parents sont très fiers de nous aussi .... Est-ce que... vous pouvez m'aider par d'autres interventions ?*

Qu'attendait-elle : une approbation ou un doute ? Autre silence douloureux de Benoîte :

— *[...] Votre maman, [...] de laquelle était-elle la plus proche ?*

— *..............................Je sais pas..............*

Je n'en saurai pas plus puisqu'elle me démontre le non-sens de ma question : *Je pense vraiment que maman nous a toutes les trois beaucoup aimées [...] Je n'ai jamais pensé que maman ne m'ait pas aimée ou moins aimée, jamais.* Après une *longue psychanalyse,* elle aurait dû se douter que j'entendrais toujours... et sa souffrance...

La petite Anne qui a une capacité de transposition incontestable m'offre sa solution à la peur : *Je me mettrai comme ça là,*[se raidit sur sa chaise] *pour pas avoir peur. Parce que dès que je me mets comme ça, j'ai pas peur...................*

Il y a bien sûr aussi des « gestes de souffrance relâchée » et alors... plus de silence, une parole comme un cri de douleur. *Et moi, c'est quoi, qu'est-ce que je suis là-dedans ?* Et encore plus terrible : *Et moi j'étais le... le défaut* [rire bref], mais Benoîte ne se souvient d'aucune violence, juste d'un peu d'agressivité à la naissance de la dernière : *Je ne peux pas me souvenir d'avoir cassé vraiment quelque chose, de ses jouets... de l'avoir martyrisée, non mais, bon... j'étais agressive avec elle.* Comment cela se manifestait-il ? Mystère...

Avec Fanny le mystère disparaît, le voile se lève :

— *Bon voilà, mes parents étaient partis pour la journée, en nous recommandant d'être sages et tout. Ils avaient emmené le petit frère, je crois, quelque chose comme ça. Mon frère aîné a amené un copain, heu... on s'est un peu disputé parce que, mettons : y avait un magnétophone, j'en avais besoin, lui aussi, enfin... bon... total, ça a fini en bagarre. Moi, j'ai pris le couteau dans la cuisine. Lui, s'est protégé avec un tabouret ; il a reçu un couteau sous l'œil. Le soir en rentrant, à table, mes parents ont commencé à demander si ça c'était bien passé. Il a dit oui. On a dit oui, pas de problème. Et mes parents lui ont demandé ce qu'il avait sous l'œil. Il avait quand même une belle balafre, et... heu... il était écorché quoi, ça saignait et tout... et mon frère a dit : « C'est Fanny qui m'a griffé ». Bon. « Alors elle t'a griffé ? » À l'époque, je rongeais mes ongles jusqu'au sang... « Alors, elle t'a griffé » « oui, oui, elle m'a griffé ». « Et comment ça se fait, avec les ongles qu'elle a ? » La discussion s'est arrêtée là, il a rien dit. Moi non plus. Mes parents ont stoppé. Ils voyaient bien qu'y avait eu bagarre avec un instrument.*

— Vous aviez quel âge ?

— *Hou là, c'était 12, 13 ans.... C'était assez violent quand même. C'est pareil, j'ai blessé mon petit frère, une fois aussi. Je lui ai ouvert la cuisse avec un jouet en plastique. Des fois, c'est vrai, ça prenait des proportions... Et moi, je devenais... pas violente... j'aurais pas fait grand mal, mais des petites choses qui auraient pu devenir dangereuses. Sans vouloir faire mal. Je contrôlais mal quoi... Mais, mon frère aîné, à l'époque avait aussi le don de me pousser à bout.*

Et voilà la super famille dont tous les membres sont si beaux et si merveilleusement aimants qui vole en éclats. *C'est vrai que je suis assez fière de ma famille.* Où donc, souffrance et admiration coïncident en violence. Samuel est moins dangereux, il s'attaque à son frère mais surtout aux objets :

— *C'était il y a pas longtemps. Qu'est-ce que j'avais fait ? Parce que Nicolas avait écrit sur la tapisserie, il avait fait tomber ma lampe et il avait cassé un bougeoir, il avait fait tomber les fleurs. Y en avait partout sur la moquette, et je suis descendu, j'ai été l'appeler, je l'ai fait monter en haut. Je lui ai dit : « tu vas ramasser ». Il m'a dit : « non ». Il m'a insulté, il est reparti. Je l'ai fait remonter, et là j'ai commencé à m'énerver, je l'ai mis par* terre, enfin, je l'ai fait tomber, je l'ai mis par terre et je lui ai dit : « tu vas ramasser ». Il a pas voulu. Il a commencé à aller pleurer à maman « Samuel il m'a tapé » et bon, elle a monté, elle a sévi puis elle est redescendue et c'est moi qui ai ramassé. Y avait du feutre sur la tapisserie. Ça, elle l'a pas vu, sinon il se serait fait gronder.... Je me suis assis, j'ai commencé à faire mes devoirs et puis, j'arrivais pas. Et bam ! J'ai tapé sur mon bureau et je l'ai cassé. Parce que c'est moi qui range, qui passe l'aspirateur, qui fais son lit le matin. Bon, des fois il se fait gronder parce qu'il jette des choses dans le couloir et quand papa monte, il le voit, il se fait gronder. Il se fait attraper par papa. Quand j'ai cassé quelque chose comme mon pupitre, ça me soulage. Des fois, je me calme, mais des fois, j'ai envie de taper sur quelque chose.

Michel, lui, en découd avec le papier : *Quand j'écris, j'ai l'impression de me confier à quelqu'un. Ça me soulage.* Ça les soulage et ils n'ont pas besoin de dire de quoi : la souffrance est sous-entendue parce qu'inexprimable. « L'écriture, moment de tombe »[1] écrit Duras et pour Michel, c'est *une partie de moi qui avait besoin d'aide et qui ne l'a pas eue*, il faut donc l'enterrer sous des mots, ou l'extraire de la tombe par des mots ? La formule de Duras est énigmatique mais je sens derrière ma quasi incompréhension, qu'elle est vraie. Du reste Lacan ne dira-t-il pas d'elle à propos de « Lol. V. Stein » : « Cette femme sait » ?[2]

Pêle-mêle, d'autres paroles de souffrance/violence : *Je crois que maman préfère Joseph.... parce qu'il a tout ce qu'il veut. Toujours vouloir plus, toujours vouloir comprendre. Ha oui, c'était très dur. Il faisait froid, j'avais froid. On a des prises de bec terribles.* Et la plus pathétique sans doute, reste Anne avec son malheur et son incohérence :

– *Bè... je sais pas. Mais moi, des fois... une fois je suis tombée sur mon genou... ici là, mais il est parti ce bleu... mais j'en ai... qui sont depuis... depuis... trois ans, ils sont pas partis encore...*

– *Des bleus depuis trois ans....*

– *Au moins quatre... Depuis que mon frère il est né...*

---

1 Vircondelet, *Duras - Vérité et légendes*, Édition du Chêne, 1996.
2 Vircondelet, ibid.

— T'as des bleus depuis qu'il est né... sur ta jambe... qui s'en vont pas ? [Anne acquiesce de mouvements de tête].
— *Un là, un là et un là* [me montre l'emplacement des bleus que je ne peux voir puisqu'elle a des collants opaques. Ils sont situés autour de la cheville].
— Et qui t'a fait ces bleus ?
— *Bè, en tombant, une fois, je courais pour aller à.... à la clinique ou à l'hôpital je sais pas... je suis tombée. J'étais pressée, pressée...* [voix tendue].

J'en saigne toute ma vie, comme dirait Benoîte. Et pour conclure sur cette grande douleur, Anne me montre ses dessins, j'ai alors la maladroite question :
— C'est toi au milieu du dessin ?
— *non, c'est Jésus Christ...*

Une fois encore, à part exception, la souffrance sera dite liée au benjamin. La violence se rendra effective de même. Mais, une fois encore nous l'attendions ainsi. Sur la souffrance provoquée par l'aîné(e), le voile est jeté. L'interdiction de cette douleur l'empêche d'apparaître comme telle. Celle liée à la naissance du benjamin résulte simplement de la perte de l'objet, c'est-à-dire de cette petite place durement acquise. Jamais à la place de, mais à côté de l'aîné(e) dans le cœur de la mère. Cette souffrance provoquée par la naissance du 3ème enfant ne fait que *déclencher*[1], avec l'approbation de tous, celle, innommable, d'être né(e) après. Et la violence ? Ces enfants du milieu ne parlent que de celle qu'ils ont fait subir et non pas de celle subie [par l'aîné(e). Étrange... une fois de plus.

---

1 Benoîte

LES REMEDES

> « L'ivresse de l'Art est plus apte que toute autre à voiler les terreurs du gouffre ».
> Baudelaire cité par Sartre in « Baudelaire ».

Aux terreurs du gouffre, ces enfants du milieu vont trouver des parades, l'Art bien sûr qui, comme dit Baudelaire, est plus apte que tout autre à voiler la souffrance (ou à la dévoiler ?), mais aussi ce qui pourra se nommer esthétique ou amour du Beau, la reconnaissance sociale par le biais de la réussite scolaire ou l'obtention de diplômes et enfin, parfois, les voies dérangeantes, c'est-à-dire celles qui dérangent la famille.

Où le beau se crée...

— Et tu écris ?
Samuel : *Ben... j'ai écrit un petit livre. C'est sur un petit cahier. J'ai commencé à écrire, j'en ai fait 3 pages. C'est un livre avec des noms allemands.*
— Tu fais de l'allemand ?
— *Non, de l'anglais et l'an prochain je ferai espagnol. C'est imposé. Parce que personne fait de l'allemand.*
Michel écrit aussi. Mais pas seulement. *Je m'évade entre guillemets... heu... facilement... dans... dans diverses activités. Que ce soit la musique, l'écriture ou la lecture... heu... des plaisirs égoïstes entre guillemets* (Que met-il entre guillemets ? *évade* et *égoïstes*).

Définition de guillemets : Signe typographique qu'on utilise pour mettre en valeur un mot ou un groupe de mots en citation. Or, pour le sens commun, mettre entre guillemets s'entend atténuer la force du mot. Alors qu'a voulu dire Michel avec ses guillemets ? Je pencherai plutôt — et c'est totalement subjectif — pour la mise en valeur non pas, peut-être, des mots eux-mêmes, mais de ce qu'ils signifient de romantisme échevelé. *Quand j'étais petit, je dessinais beaucoup. [...] reproduire tous les sentiments... que ce soit dans l'écriture ou autre [...]... ce qui est créatif...* Et bien sûr ce côté créatif, c'est ce qu'il appelle son *côté noir, un peu sombre*. C'est du reste une nécessité cette écriture pour lui. *J'avais déjà le besoin d'écrire, moi étant petit* [...] *continuer à écrire ou dessiner et plus tard la musique.*

Encore un peintre :

Anne : *J'en ai d'autres... Moi j'ai choisi, quand je serai grande... je serai peintre. Mais je donnerai... je donnerai un tableau gratuitement à papa puisque là, il vient de me donner un carré de chocolat...* Mais elle, elle a abandonné la musique ; sa sœur fait du violon. Par conséquent...

– Et de la musique, tu en fais ?
– Bè... non... *avant j'en faisais... plus maintenant. Parce que ça me plaisait pas trop en fait* [voix autoritaire].
– Tu préfères dessiner ?
– *Oui, beaucoup.*
– Et la grande sœur, elle en fait ?
– *De quoi ?*
– De la musique...
– *Ouichch............ Du violon [voix basse].*

Comme elle vit dans une famille d'artistes, il ne suffit pas pour elle de dessiner, comme Michel, dans sa chambre ; elle est inscrite dans un cours de dessin et inonde la maison de ses productions. Quand on a cessé de participer au bruit familial, quelle autre solution reste-t-il ? Sinon il y a l'ordinateur avec lequel on peut faire TOUT.

Alors je suis Pierre j'ai 42 ans. Je suis musicien.[...] *Quand je suis parti aux États-Unis mon... j'étais heu... je voulais en bouffer, quoi ! Enfin, j'étais... j'avais une ambition dévorante et...* Lui, est allé au bout de son rêve ou presque ; puisqu'il a continué en étant Pierre chef d'orchestre et qu'il s'applique à devenir Pierre compositeur : *Quand je me mets à composer et qu'elle* [sa sœur] *se met à chanter ce que je compose... Y a comme une espèce d'acte manqué, en plus, puisque je te parle de ça, ça fait 13 ou 14 ans. Et au bout de 13 ans, actuellement, je suis dans un période où je suis prêt à finir ce que j'ai commencé avec elle. Mais il a fallu 10 ans, plus de 10 ans. Parce que moi, j'ai une ambition qui est peut-être dévorante dans la musique, donc, j'ai beaucoup travaillé la direction d'orchestre, je suis parti dans une direction, c'est le cas de le dire, et... heu... comme c'est un peu plus calme... j'ai fait comme une espèce de retour et le stade ultime de la création qui est... enfin le stade ultime, artistique de la création se présente de façon beaucoup plus claire. Par rapport aux événements et par rapport à l'âge que j'ai. Je me sens prêt pour, heu... pour en finir avec cet acte manqué qui me suit depuis vingt ans... de fabriquer des choses artistiques qui viennent de moi... après avoir joué des tas de choses de... d'autres compositeurs.*

Voilà, il se sent prêt à créer. Depuis que je vois Pierre (je l'ai connu musicien de fosse) je suis étonnée de l'acharnement qu'il met en tout et aussi du peu de fruits qu'il en espère. Pierre est toujours en compétition mais il n'attend pas de monter sur le podium, pour passer à autre chose. Je ne le connais qu'à travers son travail et jusqu'au jour où nous avons pris rendez-vous, je ne savais rien de son rang dans la fratrie ni, d'une manière générale, de sa vie privée. Tout ce que je l'ai vu faire depuis vingt ans s'éclaire par cet entretien. Il utilise la musique comme un remède à un mal dont il ne veut, ou ne peut parler.

Peut-être pourrions-nous nous demander si l'Art, dans les quatre cas que nous venons d'évoquer, est une sublimation. Ne serait-ce pas plutôt une idéalisation ? « La formation de l'idéal du moi est souvent confondue avec la sublimation des pulsions, au détriment d'une claire compréhension. Tel qui a échangé son narcissisme contre la vénération d'un idéal du moi élevé n'a pas forcément réussi pour autant à sublimer ses pulsions »[1] et Freud de continuer son exposé en disant que, certes, l'idéal du moi tente de toutes ses forces d'obtenir cette sublimation, mais elle n'est pas systématique et relève d'un processus particulier ; son « accomplissement » restant « complètement indépendant d'une telle incitation »[2]. Au demeurant, le processus de sublimation reste en quelque sorte inexpliqué à ce jour. Il semblerait que pour différencier sublimation et idéalisation nous n'ayons comme recours que l'établissement d'un refoulement ou non. Difficile dans ce cas de dire si, pour ces enfants du milieu, nous

---

1 Freud, *La vie sexuelle - Pour introduire le narcissisme*, p. 99.
2 Freud, Idid., p. 99.

avons affaire à l'une ou à l'autre. Peut-être, mais rien n'est sûr, l'objet de la sublimation n'est-il pas symptomatique et de ce fait parvient-il à une certaine forme d'achèvement, alors que celui de l'idéalisation serait, de par son lien étroit avec le refoulement, plutôt sujet à ratage ou du moins à un non-accomplissement. Et il ne s'agit pas de dire que l'enfant du milieu ou le cadet ne peuvent pas sublimer. Thomas Mann est, entre autres, une preuve éclatante du contraire. Mais aussi a-t-il accepté la ressemblance avec Heinrich son aîné, et a-t-il accepté aussi de rivaliser avec lui.

Retour donc à différence-ressemblance. Tout se tient, tout se mêle et les éclairages successifs n'illuminent pas vraiment l'ensemble.

Où le beau se contemple...

L'amour du Beau n'est pas la création du Beau et il s'agissait de ce fait, de les séparer. Les uns donc créent ou tentent de créer, les autres contemplent. On pourrait donc englober sous le titre : « esthétique », ceux qui n'écrivent pas mais lisent (et j'entends par lectures celles qui se rapportent à la littérature) et aussi, bien sûr — je devrais dire surtout — celle qui vit dans ce monde de l'esthétique : Fanny.

« [Dans] Le développement du type féminin le plus fréquent et vraisemblablement le plus pur et le plus authentique, [...] il semble que, lors du développement pubertaire, la formation des organes sexuels féminins, qui étaient jusqu'ici à l'état de latence, provoque une augmentation du narcissisme originaire, défavorable à un amour d'objet régulier s'accompagnant de surestimation sexuelle. Il s'installe, en particulier dans le cas d'un développement vers la beauté, un état où la femme se suffit à elle-même. »[1]

Déjà dans le chapitre sur la différence, il semblait que Fanny en rajoutait avec ce choix d'esthéticienne. *Je voulais faire esthétique, voilà. Je suis entrée dans une école d'esthétique, j'ai fait mes deux*

---

1 Freud, Ibid., p. 94.

ans d'école et j'ai travaillé en sortant de l'école... Elle en rajoutait pour se poser différente des frères mais aussi, peut-être, parce qu'il y avait doute sur sa féminité ? Que va-t-elle chercher à vérifier, en touchant toute la journée le corps des femmes ? *J'avais ce métier en tête, j'ai connu un garçon quand j'étais en seconde qui a été mon petit ami... qui avait une amie qui était plus âgée et qui avait un institut de beauté... et quand je lui en ai parlé, que je lui ai dit que je voulais faire ça, il m'a dit « oh oui, c'est super, ça t'ira vachement bien et tout...... » Il m'a fait connaître cette fille.* De l'avoir vue travailler, d'avoir vu son institut, moi ça m'a fait complètement rêver et ce garçon a eu une certaine influence quand même parce que... il me disait *« oui, quand on sera marié, je t'ouvrirai un institut... »* Quelle jouissance tire-t-elle à malaxer, maquiller, faire belles les femmes ? La réponse n'est certainement pas seulement du côté de ses relations aux frères, mais... la relation à la mère n'est pas notre propos. Alors pour Fanny, l'esthétique, un remède ? Oui, mais à quoi ? A quelle souffrance ? Celle d'être une femme tout simplement, en abandonnant ce côté masculin à ces frères si brillants et si puissants, puisque porteurs de pénis ?

Très brièvement les « lecteurs » : Samuel : *J'ai surtout du vocabulaire parce que je lis beaucoup. [...] je suis bon en français parce que j'aime bien les livres. [...] J'ai lu « Poil de Carotte », « Vipère au poing », « L'Iliade », j'ai commencé à lire « Le seigneur des anneaux ».* Avouons que les deux premiers titres sont, à eux seuls, tout un programme pour un enfant du milieu. Hors enregistrement, Samuel m'a parlé d'une cabane qu'il avait faite dans la forêt derrière chez lui, et où dit-il, il va lire pour être bien. Lecture, activité solitaire par excellence, nous y reviendrons donc plus loin.

Jean : *Hier soir, j'ai pas arrêté de lire. A chaque fois que je dois aller en permanence, je vais au C.D.I.. Le week-end, moi j'ai envie de faire ce que je veux [...] je vais me promener à vélo, je lis....* Mais Jean, il faut le dire, a trouvé un autre remède, celui que nous pourrons nommer : reconnaissance sociale.

Où il sera question de diplômes et d'école...

Jean est le frère le plus brillant à l'école : *Philippe, l'an dernier, il avait 11 et quelques de moyenne. Joseph... 9 et moi 16 et quelques. Et puis, j'ai presque des 20 en Anglais, j'ai des 17, des 16 et tout.* Jean a fait sa scolarité de primaire en étant premier de la classe, mais rien d'étonnant. Il dit très fort : *J'aurais bien aimé être le PREMIER.* Il l'est donc en dehors de la famille où à défaut d'être le premier né, il est le meilleur. (Bien entendu, dans sa famille, la réussite scolaire est très importante et très valorisante. La mère qui élève seule ses trois fils n'ayant fait que des études très courtes et difficiles bien que cultivée et très intelligente).

Beaucoup de ces enfants du milieu se jettent dans cette solution extérieure en sachant ou pas, qu'elle ne prend sa réelle valeur que par rapport aux autres membres de la fratrie. Ainsi, toute sa vie Benoîte a dû *gagner des diplômes :* licence d'histoire-géographie, maîtrise de psychologie, D.U. d'œnologie. Et Albert, le *seul diplômé de la famille*, a réussi tous les concours P.T.T., E.D.F., S.N.C.F., puis celui d'enseignant et pour finir, celui de chef d'établissement, laissant loin derrière lui, un frère aîné qui a raté son bac et une sœur benjamine sans diplôme. Il se sent fort, protégé par toute cette réussite et cette ascension sociale, mais le voile n'a pas vraiment recouvert le gouffre et Albert, malgré tout, manque d'air, l'asthme s'aggravant, selon lui, de plus en plus. Il m'a confié après l'entretien qu'il avait envie de faire autre chose, de changer de voie. Un autre pansement, un autre diplôme ? Vite, la retraite approche !

Où déranger signifie survivre...

Quand t'as pas de rôle à jouer... J'étais sa fille, effectivement, j'avais une place à tenir. Que j'ai pas du tout, du tout tenue comme elle l'entendait. Donc, d'où sa déception. [...] *Systématiquement, quand on choisissait quelque chose pour moi, je me mettais en échec. Question de survie.* [...] *Ma mère était* [...] *cartésienne comme mon frère. Il fallait des résultats, fallait... tout se calculait... tout se... fallait pas de place au hasard, quoi. Le calcul...* Dans cette famille il faut donc être ingénieur, construire des ponts ou toute autre chose matérielle. Martine dérange parce qu'elle ne calcule pas, elle pose des questions. *Les gens qui me connaissent vraiment disent qu'effectivement j'ai toujours fait de la psychiatrie.* Il fallait pour survivre *rentrer dans un domaine qui* [...] *a creusé l'écart avec tout le monde,* un domaine incompréhensible pour les autres, inimaginable dans cette famille *où on ne parlait pas. Avec plein de tabous.* Mais Martine ne veut pas se soumettre, Martine ne veut pas être son frère aîné. Alors elle dérange la famille, frère inclus : *ça perturbait énormément la famille.* Avait-elle le choix, vraiment ? La rivalité avec le frère était impossible. Non pas que Martine soit moins intelligente, elle l'a dit qu'elle pouvait beaucoup... il y a là un couple mère-frère aîné infracassable... une place impossible à prendre, alors Martine cherche à comprendre et trouve des voies... *Fallait bien qu'y ait quelqu'un qui s'occupe de tout ça. Qui fasse des vagues....* Et elle conclut l'entretien : *C'est pas eux qui allaient voir du côté de l'inconscient.*

Rien d'étonnant à ce que Benoîte suive cette voie-là, seule solution pour trouver sa place entre deux sœurs brillantes et belles (selon elle), elle *le vilain petit canard* (nous connaissons la suite... le cygne). Laissant les deux autres briller de mille feux, elle est *devenue psychologue loin de l'avant-scène et tout au fond des coulisses*, pour les déranger jusqu'au bout. Un troisième de ces enfants du milieu, Michel, a entamé des études de psychologie pour montrer à ses frères et surtout à l'aîné/père que *tout le monde n'a pas besoin des mêmes choses, ne l'exprime pas de la même manière*. Michel, dans la fratrie, est celui qui explique le monde et le monde est peuplé d'humains. Alors, il dérange Michel, il secoue, il refuse les certitudes... l'empêcheur de tourner en rond : *Tout à fait... on m'a déjà donné ce nom-là... Peut-être le déséquilibre est venu de moi, quoi....*

« Tout enfant du milieu a le statut hybride d'être plus jeune que... et plus âgé que... le comparatif s'est substitué au superlatif.[...] Il est donc pratiquement insituable. »[1] Parions qu'il passera sa vie à se comparer. Or, que fait-on quand on se compare ? On étudie les ressemblances en constatant les différences. L'enfant du milieu va s'engouffrer dans ces dernières, les provoquer, les exacerber. Il s'agit pour lui de se situer enfin quelque part, et mieux vaut être ailleurs, dans un lieu où aucun autre ne viendra rivaliser avec lui. Neuf enfants du milieu... l'échantillon est mince bien entendu, mais tous ceux connus (et j'ai découvert que j'en fréquentais beaucoup !), trop connus pour être interrogés, se différencient très fort et même excessivement du reste de la fratrie, en particulier de l'aîné — le benjamin suivant souvent la trace du second, ce qui exaspère mais flatte aussi ce dernier — et par là même des parents. Pour ces enfants du milieu être reconnu existant, faisant partie de...

---

[1] D.Gayet, *Les relations fraternelles*, p97

signifierait être en dehors. Paradoxalement, (mais est-ce bien sûr ?) il faut être excentré (ique ?) pour entrer dans le cercle sinon.....

« Mes deux frères et moi, nous étions tout enfants. [...] Abel était l'aîné, j'étais le plus petit. »[1]

Exit, l'enfant du milieu !... Reprenons l'hypothèse préalable — « La tragédie et donc la souffrance de l'enfant du milieu, c'est la naissance du troisième enfant » — et voyons ce qu'elle devient après l'étude des entretiens. Nul doute que pour tous, cette naissance ait été un traumatisme, puisque presque tous leurs premiers souvenirs sont rattachés, de près ou de loin, à cette naissance ; suivent parfois, mais rarement, des réminiscences de l'avant-qu'on-soit-trois. Ce lien avec l'aîné a percé cependant, tout le long des pages précédentes, ce qui a interrogé. Ainsi en est-il de la contre-identification, mécanisme semblait-il de défense contre une identification trop dangereuse avec le premier, et à ce propos je citerai un passage de Freud où il décrit sans l'appeler ainsi ce processus :

« Chez des frères et sœurs qui ne sont pas jumeaux le même désistement joue également un grand rôle dans d'autres domaines que celui du choix amoureux. Le frère aîné cultive par exemple la musique et s'y distingue ; le plus jeune, beaucoup plus doué pour la musique, interrompt bientôt ses études musicales malgré son envie de les poursuivre, et on ne peut lui faire toucher un instrument. C'est là un exemple isolé d'un phénomène très fréquent, et la recherche des motifs qui conduisent au désistement plutôt qu'à l'acceptation de la concurrence découvre des conditions psychiques très compliquées »[2]. Hélas ces conditions ne sont pas expliquées et Freud nous abandonne à des suppositions. Ce désistement, recoupe à la fois le passage sur la contre-identification et sur l'admiration/mépris pour peut-être, trouver un début d'explication

---

[1] Victor Hugo Contemplations
[2] Freud, « Psychogenèse d'un cas d'homosexualité féminine » 1920 in « Névrose, Psychose et perversion », pp. 257-258, note bas de page n° 3.

avec l'ambivalence des sentiments. En effet, pour qui se désiste-t-on ? Pour une personne aimée et crainte à la fois. Dans le résumé des voies menant au choix d'objet[1], Freud donne comme quatrième type de choix narcissique : la personne qui a été une partie de soi. Or, il nous a semblé que cet aîné, comme les parents, faisait partie pour le second du propre soi dans le début de sa vie. Ce désistement en faveur de l'aîné, qui prendrait la forme d'une recherche éperdue de différence, pourrait trouver là un début de compréhension.

Que peut-il se passer donc pour ce cadet ?

1. Un amour originaire pour l'aîné indifférencié des parents ;

2. Un retournement en haine à la découverte que cet aîné est le premier enfant du couple parental. Ce retournement est peut-être aidé par la naissance du troisième qui vient poser la question – d'où viennent les enfants ?

3. Un nouveau retournement en amour avec un état contemplatif d'admiration provoqué par la peur des représailles.

Certains enfants ne doivent pas effectuer les trois phases. Ainsi Benoîte, semble être demeurée dans la première, s'accrochant à une gémellité qui ne pouvait remettre l'aînée en doute. D'autres restent très longtemps dans la phase deux et même n'en sortent pas. Tout ceci, faut-il le répéter, n'est que supposition et demanderait un travail beaucoup plus long et fourni.

Tous ces remous sentimentaux ne laissent pas pour autant l'enfant du milieu complètement démuni. Il tire des solutions de ce désistement et la contre-identification lui permet de découvrir des voies originales, où il peut briller, parfois. Cette dépense d'énergie exigée dès le début, où la puise-t-il ? (et s'il ne peut la trouver, quelle autre solution que la folie comme Dominique ?[2]) sinon dans un narcissisme salvateur qu'il appelle, lui, solitude.

---

1 Freud, « Pour introduire le narcissisme », in *La Vie sexuelle*, p. 95.
1 Dolto, *Le cas Dominique*, Paris, Seuil, 1985.

C'est parce qu'il a cette défense qu'il peut combattre. Aussi être seul sera-t-il à la fois son désir et son dernier recours.

ETRE SEUL

> « Solitude où je trouve une douceur secrète[...]
> Ô qui m'arrêtera sous vos sombres asiles ? »
> La Fontaine « Le songe d'un habitant du Mogol » Livre XI

Être seul et solitude : deux façons d'exprimer le même sentiment... Mais est-ce sûr ? Être seul est le terme employé par les enfants du milieu dans les entretiens ; solitude sera peut-être plutôt ce que je dirai, d'un non-dit. En effet, à travers des phrases où le mot « seul » n'apparaît pas, j'ai senti une grande solitude parfois plus terrible que celle dite par les mots *je suis seul* ou *j'étais seul.* Alors, être seul : une conquête, un plaisir autant qu'une douleur ?

Ils m'ont dit : *plaisir.* Nous commencerons donc par là. Puis ils m'ont raconté la solitude subie, physique ou morale. Un d'eux a nié. D'autres, sans la dire, ont parlé de la solitude de la séparation et du mépris. Tout ceci semblant très disparate et ne répondant pas à une définition unique de cet état, une recherche auprès d'auteurs semblait indispensable.

M'ont donc aidée à comprendre autant que faire se peut : W. Winnicott, M. Klein, A. Phillips, H. Searles, S. de Beauvoir, J.P Sartre et M. Duras.

Plaisir d'être seul

« Être à soi-même une présence amie ».
S. De Beauvoir « Les belles images ».

« Beaucoup de personnes [...] sont capables, avant même d'être sorties de l'enfance, d'apprécier la solitude et elles peuvent même la considérer comme une possession des plus précieuses. »[1]
Encore faut-il que cette solitude ne soit pas subie, c'est-à-dire que celui qui est seul, soit assuré d'un retour de l'autre et que cet état soit momentané et choisi. Winnicott pense que cette capacité à être seul s'acquiert très tôt, dans la toute petite enfance. La mère « suffisamment bonne » permet à l'enfant de se sentir seul, en sa présence, sans angoisse, le moi encore trop fragile de l'infans étant soutenu par le moi de la mère. Une fois adulte, ce retour plaisant à la solitude viendrait de l'assurance d'un retour vers la mère apaisante. Parce qu'en fait quand on est seul, on ne l'est pas : « Il y a toujours quelqu'un de présent, quelqu'un qui, en fin de compte et inconsciemment, est assimilé

---

[1] Winnicott, « La capacité d'être seul », in « De la pédiatrie à la psychanalyse », Payot 1969, p. 200.

à la mère »[1]. Alors la mère réelle peut bien s'absenter, l'environnement interne est assez bon pour non seulement le supporter, mais même le désirer. *Je me rappelle, le petit frère, il sortait avec ma mère [...] que moi, je refusais de partir faire les courses avec ma mère [...] et je restais chez moi, seul... et... à m'occuper tranquillement, quoi. C'est le moment où je me sentais le mieux, seul.* Michel est le seul à employer le mot plaisir pour parler de cette solitude qui lui permet des moments *créatifs*. C'est donc pour lui un remède à ses difficultés relationnelles. La capacité d'être seul dont parle Winnicott, certes, il faut qu'il l'ait acquise — tout créateur n'a-t-il pas cette capacité ? — mais ce qui le pousse dans la recherche de l'isolement est aussi, même pour lui qui y prend plaisir, une défense. Ouf ! enfin seul pourrions-nous traduire, mais il n'osera pas aller jusque-là : *Ça me faisait énormément de bien de me retrouver. Pour voir ce que je suis, quoi... et ce que je suis capable de faire.* Parce que, bien sûr, la fratrie c'est lourd, c'est une présence constante — le déjà-là, celui qui a toujours été un écran entre le second et la mère — et une lutte incessante. Alors, être seul, c'est aussi pour l'enfant du milieu, se retirer pour se sauver, se retirer pour être, poser les armes, se détendre enfin. *Il faut être à l'extérieur pour pouvoir...* Car être à l'extérieur des relations familiales, c'est enfin être à l'intérieur de soi. Si donc Michel a acquis un bon environnement intérieur, si la présence des autres ne lui est pas essentielle, il a ce plaisir-là qui ne paraît pas être partagé par les frères. *Je sais pas pourquoi, j'avais ce plaisir à être seul...* Et comme les deux autres ne partagent pas ce goût de la solitude : *Pour eux, c'est... un... c'est comme si je ralentissais.* Mais Michel défend ce plaisir : *j'ai l'impression que c'est ces périodes qui me font évoluer quand même.* Cela ne fait aucun doute et même cela doit expliquer sa capacité à faire des études plus longues que les deux autres, car comme pour créer, la condition pour apprendre est bien la capacité d'être seul.

Jean la possède, même si sa solitude ne relève pas toujours d'un processus aussi positif : *A la récré, j'aime bien me mettre tout*

---

1 Winnicott, Ibid p. 213.

seul sur un banc pour profiter de la récré sinon, ça passe trop vite. Plaisir gourmand que cette solitude, quand le temps s'étire. Retour savoureux à la non-intégration.

« Quand il est seul dans le sens où j'emploie ce mot, et seulement quand il est seul, le petit enfant est capable de faire l'équivalent de ce qui s'appellerait se détendre chez un adulte. Il est alors capable de parvenir à un état de non-intégration, à un état où il n'y a pas d'orientation ; il s'ébat et, pendant un temps, il lui est donné d'exister sans être soit en réaction contre une immixtion extérieure, soit une personne active dont l'intérêt ou le mouvement sont dirigés »[1]. Ne croirait-on pas que Jean a lu Winnicott ? *Et cette empotée de... vient me voir et j'ai l'impression que quand la récré est finie elle vient de commencer. Ça m'énerve.* Jean est en effet habitué à réagir aux immixtions extérieures. Le frère aîné : *il s'occupe trop de moi, je trouve* et le benjamin : *je partage ma chambre avec lui, et ça m'énerve.* Ainsi, comme Michel, Jean défend ce plaisir de se retrouver avec beaucoup de vigueur. Les autres étant ceux qui font passer le temps trop vite, il n'est pas question de les retrouver le week-end : *ah non quelle horreur ! le week-end, moi j'ai envie de faire ce que je veux [...] je vais me promener à vélo. Je lis... j'ai envie de faire ce que j'aime bien. [...] je suis tout seul [...] j'ai l'habitude.* Ne soyons pas dupe néanmoins ; la solitude que décrit Jean n'est pas seulement une capacité d'être seul... Nous le retrouverons avec Michel dans une autre interprétation de leurs solitudes.

A mêmes maux, mêmes remèdes dit-on. Samuel lit aussi, écrit aussi : *Je lis beaucoup. [...] j'ai écrit un petit livre* et, cela va de soi : *moi, j'étais tout seul, je jouais tout seul...* Et ce qui lui semble n'avoir pas été un choix au départ, il le transforme en plaisir. Moins dans la souffrance que Jean, il se permet, lui, d'abandonner sa solitude, parfois... *Au collège, j'aime bien être avec mes copains, mais à la maison c'est pas pareil... je suis tout seul.* Et pourtant, comme Jean, son benjamin ne le quitte guère : *on est ensemble pour dormir* dit-il. La formule dit bien ce qu'elle veut dire :

---

[1] Winnicott, Ibid., p. 210.

ils ne sont ensemble pour rien d'autre, que pour ne pas l'être. Est-on « ensemble » dans le moment le plus solitaire qui existe ?

Si le plaisir d'être seul tient à la capacité d'être seul, acquise dans la période préœdipienne, il faudrait, pour en dire quelque chose de vrai, étudier les rapports de l'enfant du milieu à sa mère. Cet éclairage n'ayant pas été choisi, il n'est pas possible de rentrer plus avant dans l'étude de ce plaisir. Nul doute que nous découvririons son ambiguïté aussi...

Obligation d'être seul

> « Quand j'aurai inspiré le dégoût et l'horreur
> universels, j'aurai conquis la solitude. »
> Baudelaire « Mon cœur mis à nu »

Il existe deux formes (au moins) d'obligation d'être seul. Une obligation qui relèverait du sentiment d'être abandonné par les objets externes et une autre qui serait celle d'en être incompris.

Je suis le seul à être parti comme interne me dit Albert On ne peut pas dire que ce *je suis le seul* soit équivalent à *je suis le seul diplômé* qu'il revendique. Ce *je suis le seul* là, est une souffrance. Albert n'en veut pas de ce *seul* là et cependant, même si *c'était dur... ah oui, c'était très dur*, il ne dira pas sa douleur : celle de la séparation imposée, celle de l'abandon. Il faut dire qu'il ne se plaint que des conditions matérielles et que quand il dit *c'était dur*, il rajoute vite : *il faisait froid, j'avais froid*. Alors Albert joue au rugby, se réchauffe en se frottant aux autres. Et comme déjà il ne devait *rentrer que le samedi soir et* [repartir] *le dimanche soir*, comme il avait trouvé avec le sport une chaleur de groupe : *après comme je jouais au rugby, je restais sur place. Je restais le dimanche à A...*, *et... bon... je rentrais pour des vacances... et encore...* ; retournement... défense en place : vous ne m'intéressez pas dit-il : *pourquoi je m'emmerderais [...] à vouloir faire des liens.*

Ainsi, les liens n'existeraient pas *a priori*, il faudrait les faire ? On dit bien « tisser des liens » mais tisser veut dire que les fils existent... Si Albert dit faire et non pas tisser, les fils n'auraient donc pas existé pour lui. Devant mon insistance à vouloir lui montrer qu'ils sont là :

— Donc, ces relations que vous avez eues avec votre sœur avant 11 ans, vous ne vous en souvenez pas du tout ?
— *Non, et en plus l'été, je partais longtemps en cure ou quelque chose comme ça, à cause de ma maladie de... d'enfant. Donc...*
— On peut dire que vous avez été peu chez vous. Vous partiez avec votre maman ?
— *Non, tout seul. Ma mère ne venait pas, non. Je partais tout seul... comme dans une maison de santé pour enfants.*

Mais il s'empresse d'ajouter : *Voilà... à l'époque... ça devait se faire comme ça.* Parons-nous d'une trop grande souffrance avec la justification du *ça-devait-se-faire-comme-ça.* Conclusion : la mère n'a fait que suivre les règles en vigueur ; je suis victime des règles et non pas de ma mère. A quelle forme de solitude croit-il échapper ainsi ? Pour Martine, point de rejet hors du cercle familial, au contraire pourrions-nous dire. Mais la solitude subie, celle qui fait mal est là, néanmoins.

« L'instauration d'une première relation satisfaisante à la mère [...] dépend d'un contact étroit établi entre l'inconscient de la mère et celui de l'enfant. Cette relation fonde l'expérience vécue la plus complète qui soit — celle d'être compris — et se trouve essentiellement liée au stade préverbal »[1]. Autant la capacité d'être seul de Winnicott permettait à l'enfant ayant un bon environnement interne de retrouver, et renouer le dialogue inconscient et préverbal avec la mère, autant le sentiment de solitude décrit par M. Klein le ferait chuter dans les gouffres de

---

[1] Klein, « Se sentir seul », in *Envie et Gratitude et Autres Essais*, Gallimard, p. 122.

l'angoisse. Martine n'a-t-elle aucune mère inconsciente, apaisant ses angoisses ? *J'étais seule quand même. Seule dans mon truc. Seule à vivre mon truc. Parce que ni l'un ni l'autre heu... me comprenaient vraiment.* Et pourtant elle essaie de comprendre Martine, elle pose des questions — trop — ne sachant pas que ce qu'elle cherche est au-delà des mots. Elle parle, elle parle : *Moi, je parlais et puis c'est tout.* La solitude dans une multitude de mots. Mais les mots ne sont pas l'objet et ne disent jamais vraiment l'objet ; les mots tuent l'objet, surtout celui que Martine désire. Les mots sont comme le miroir, ils mentent. M. Klein parle de cette « nostalgie de la toute première relation à la mère »[1], disant que tout être humain la ressent à un moment ou à un autre. Cette nostalgie serait une partie importante de l'impression de solitude et elle dériverait « du sentiment dépressif d'avoir souffert d'une perte irréparable »[2].

Pour combattre ce sentiment de solitude Martine, comme Albert dans une certaine mesure, va avoir recours à une solitude désirée, revendiquée qui sera, elle, non douloureuse et d'une certaine façon valorisante. Cette solitude-là pourrait s'appeler : besoin d'indépendance. Ainsi le choix de la section de seconde : *c'est moi toute seule* et tout ce qui concernera son projet de vie : *j'en ai discuté avec personne dans la famille.* Pourquoi le ferait-elle puisque personne ne la comprend ? *J'ai décidé toute seule.* Martine est très fière de cette solitude-là qui sent la liberté : *J'étais très indépendante, très tôt.* Sous-entendu : pas comme mon frère. Et Albert de même, avec un contentement évident, me dit : *Oui [...] tout seul. Même si la famille était pas d'accord... comme quand j'ai quitté la S.N.C.F.... et tout ça, oui, tout seul.*

Ainsi donc cette obligation d'être seul ferait surgir paradoxalement le besoin d'indépendance et par là même, une forme de liberté de choix. Ce qui était, au départ, une chose subie — source de souffrance — devient une chose voulue — source de satisfaction. Par le fait, être soit incompris, soit rejeté, ferait prendre conscience d'être seul, puis d'être le seul,

---

[1] Klein, Ibid., p. 122.
[2] Klein Ibid., p122.

d'être unique. « Il n'y a que moi qui suis moi » dit Hélène dans « Le sang des autres »[1] en se regardant dans un miroir... et nous savons bien qu'elle a tort et que ce moi du miroir n'est pas moi. C'est ce que dit Martine en quelque sorte, quand après avoir revendiqué si fort la liberté de ses choix : *on choisissait pour mon frère, pour moi, non*, en montrant que le sentiment de solitude avait été un étayage à sa liberté ; elle finit par dire d'une manière tout à fait contradictoire : *fallait bien qu'y ait quelqu'un qui s'occupe de tout ça. Qui fasse des vagues...* [...] *Je transporte sûrement quelque chose que vous* [la famille] *avez toujours voulu éclaircir.* [...] *Dans ce sens là, on a pas le choix, effectivement.*

---

[1] Beauvoir (de), *Le sang des autres*, Folio, Gallimard, 1973, p. 58.

Refus d'être seul

> « Mainte fleur épanche à regret
> Son parfum doux comme un secret
> Dans les solitudes profondes »
> Baudelaire « Spleen et Idéal »

« Lorsque [les] défenses sont très actives et s'imbriquent les unes aux autres, le sentiment de solitude peut ne pas être appréhendé consciemment »[1]. La seule sur les neuf à nier sa solitude est Benoîte. Exception qui confirme la règle. Aurait-elle des « défenses » trop « actives » comme dit M. Klein ? Voyons lesquelles : « Une dépendance étroite à la mère est souvent utilisée par l'enfant comme une défense contre le sentiment de solitude, ce besoin de dépendance devenant un modèle de comportement pour le restant de la vie »[2]. Une dépendance à la mère, nous n'en savons rien pour Benoîte, par contre, nous pouvons trouver chez elle une dépendance très étroite à la sœur aînée, la quasi-jumelle. C'est pourquoi le départ à huit ans en pension a été vécu comme un événement plutôt heureux ; cela

---

1 Klein, Ibid., p. 134.
2 Idem.

permettait à la fois la séparation d'avec la benjamine et une proximité toujours égale avec la grande sœur : *C'était pour moi, toujours... être près de ma grande sœur et une façon aussi de me dire que la petite... bè, elle n'existe pas.* Comme en pension, elle s'est en fait trouvée séparée de la grande sœur, une autre dépendance s'installe : *Une amie d'enfance d'ailleurs avec qui je suis toujours. Actuellement, aujourd'hui... toujours amies... Nous avons fêté nos quarante ans d'amitié... Elle est venue prendre la place de Géraldine...Et cette amie est aussi... Une fille aînée.* Cela va sans dire ! Dépendance donc pour Benoîte et... image gémellaire.

« L'image gémellaire représente [selon Bion], toutes les parties du moi séparées par clivage et incomprises que le sujet désire fortement retrouver dans l'espoir de réaliser son unité et d'aboutir à une totale compréhension. [...] Parfois le jumeau représente un objet interne auquel on pourrait accorder une confiance absolue, autrement dit un objet interne idéalisé. » Pour Benoîte il s'agit d'une image gémellaire qui a pris forme dans un objet externe (l'aînée) ayant les caractères d'idéalisation d'un objet interne. Son déni de la solitude vient en fait d'une solitude si profonde et si douloureuse qu'elle est devenue « un élément qui stimule l'instauration des relations d'objet ». *Pas du tout, j'ai jamais été solitaire. J'étais toujours portée devant les autres. Je suis très individualiste par contre. Pas solitaire.* Peut-être Benoîte veut-elle dire par individualiste, indépendante ; et comme écrit M. Klein, « le besoin d'indépendance fait partie de la maturation normale mais peut aussi servir de défense pour combattre la solitude »[1]. Autre défense de Benoîte : la réussite, et le désir d'être admirée. Nous avons vu précédemment qu'il fallait qu'elle *gagne* des diplômes. M. Klein dit que cette attitude « correspond au besoin infantile d'être apprécié par la mère [...] mais c'est une méthode précaire si elle est utilisée de façon abusive, car elle signifie que le sujet n'a pas grande confiance en soi.»[2]

Ce qui nous paraissait relever de l'exploit — un enfant du milieu qui n'a pas connu la solitude — s'effondre vite à l'analyse.

---

1 Klein, Ibid, p. 134.
2 Klein Ibid, p. 135.

Benoîte utilise presque toutes les défenses contre le sentiment de solitude que décrit M. Klein. Nous comprenons mieux, de ce fait, son déni de la solitude. Benoîte, en outre, camarade d'école très *brillante à la récréation*, metteur en scène et actrice principale des pièces de théâtre qu'elle écrit elle-même, en recherche constante d'admiration, Benoîte donc, est *portée devant les autres*. L'adverbe « devant » au lieu de « vers » ajoute, et fait le lien entre les deux mécanismes de défense : la quête d'objet interne idéalisé projetée sur le monde extérieur, et le désir d'être admirée. Tout ceci nous dit une solitude peut-être encore plus grande que pour ceux qui l'appréhendent consciemment. Mais Benoîte nous a déjà montré que sa principale défense, était le retournement en son contraire.

On pourrait ajouter que le risque de la solitude, contre lequel lutte avec force Benoîte, serait d'être « seul(e) en présence de son propre corps, et son propre corps devient alors une préoccupation aiguë »[1]. Le corps sexué, rejeté par Benoîte, si douloureux à vivre.

A l'adolescence, j'ai commencé à vouloir envoyer balader tout ça... Et puis à grimper aux arbres et puis à porter des pantalons. Et à ce moment-là, on m'a dit que j'étais le garçon MANQUÉ........ Et... j'étais un garçon manqué dans... mes attitudes... mais je ne l'étais pas du tout dans ma façon de penser... ni de me comporter. Je mettais au contraire beaucoup d'excentricité à vouloir toujours rester une fille dans des habits de garçon.

---

1 Phillips, « Le risque de la solitude », in *Être dans la solitude*, Nouvelle revue de Psychanalyse, Gallimard, Automne 1987, p. 99.

Être seul pour être séparé

« Qu'aimes-tu tant dans les départs, Ménalque ?
Il répondit : — L'avant-goût de la mort. »
Gide « Les nourritures terrestres »

« Pour se différencier, pour découvrir sa capacité de solitude » écrit A. Phillips[1] « l'adolescent a sa manière : prendre et créer des risques. Il lui faut, inconsciemment, mettre son corps en danger, faire l'expérience des représentations qu'il en a. Mais cela est fait, comme le dit Winnicott, à partir de cette forme la plus primitive de solitude : l'isolement : " L'adolescent est essentiellement un isolé. C'est à partir d'une position d'isolement qu'il ou elle se lance dans ce qui peut advenir des rapports avec autrui. [...] Le petit enfant devient capable de reconnaître et d'accueillir l'existence d'objets qui ne font pas partie de lui, mais c'est un exploit. L'adolescent répète cette lutte. "»[2] Cette prise de risque, tout le monde l'a vécue plus ou moins. On peut dire que Fanny l'a plutôt prise que d'autres. Certainement, le besoin de se différencier de ses frères entre-t-il

---

1 Phillips, Ibid, p 98.
1 Idem.

dans ses excès, en augmentant la quantité d'angoisse au-delà du seuil supportable. *Ç'aurait pu aller même très loin, je crois.* Parce que dans ces moments-là, on cherche, on cherche n'importe quelle échappatoire. Et elle s'échappe, Fanny, par deux fois : *J'ai fait des fugues. Pas beaucoup, j'en ai fait que deux.* Mais bon, elles ont compté. Et à ma question : « Et quand vous partiez... c'était pourquoi ? » elle répond : *Je voulais être libre, je voulais vivre ma vie.* Elle voulait frotter son corps au monde pour se trouver, pour savoir...

« C'est pas dans je ne sais quelle retraite que nous nous découvrirons : c'est sur la route, dans la ville, au milieu de la foule, chose parmi les choses, homme parmi les hommes »[1]. Fanny illustre Sartre : *Moi j'avais besoin toujours de voir plein de gens.* Mais dans ces errances désespérées *on rencontre pas des gens forcément bien et....* Nous ne saurons pas exactement à quoi elle s'est frottée, mais la prise de risque a dû être importante puisque rétrospectivement, les dangers encourus ne laissent pas de souvenirs heureux. *Moi je me dis, j'aimerais pas que ma fille fasse la même chose, quoi.*

Et puis il y a ceux qui n'ont pas osé encore ou qui n'oseront (espérons-le) jamais, comme le petit Samuel : *Des fois ça me démange, hé, de partir. N'importe où. Mais partir, parce que... y a des fois....* N'allez pas croire que ce soit un désir de voyage, non. Partir n'importe où, mais partir. Partir pour partir, pour quitter, pour n'avoir plus de passé, pour être neuf ailleurs. Et sans doute quand il n'y a plus seulement l'envie de partir, mais le passage à l'acte, c'est que la pulsion de mort, à ce moment, l'a emporté.

« Lui — [...] Vous disiez : " Agatha est celle qui aurait osé affronter la mort. " »[2]

D'autres enfin, ont le départ sage. Martine a dû se battre *pour partir faire des colonies,* son frère aîné comme celui de Fanny n'étant pas demandeur de départ. Les aînés sages feraient-ils des seconds révoltés ?

---

2 Sartre, *Situations, I*, Gallimard, 1947-1965, pp. 34-35.
3 Duras, Ibidem, p. 65.

« C'est cette impossibilité dans laquelle il se tenait, lui, de partir d'elle, qui a fait qu'elle, elle ait pu envisager de partir de lui. »[1]

Être seul, pour certains de ces enfants du milieu, serait se séparer. Car « partir » dans leur bouche équivaut à « quitter ». Ce sont ceux qui ont des aînés soumis à l'autorité parentale et qui, de ce fait, les laissent faire leurs *vagues*[2]. La prise de risque que représentent le départ et surtout la fugue, serait donc bel et bien, comme le dit Phillips, une manière de se différencier en passant par la découverte de sa capacité à la solitude.

---

[1] Duras, Ibidem, p. 33.
[2] Martine

Être seul par mépris

« Vous vous rappelez : le soufre, le bûcher, le gril...
Ah ! quelle plaisanterie. Pas besoin de gril,
l'enfer, c'est les autres. »
Sartre « Huit-clos »

Il faudrait un microscope pour te voir, Nicole. Pas plus que moi, personne n'a grâce aux yeux de Jean : *Cette charogne-là* est son père. Sa mère : *Elle avait que des trucs nases,* et ses camarades de classe : *Pas que bébêtes, très idiots. Je peux pas me les encadrer.* Quant aux deux frères, le benjamin *ressemble à maman* [...] *c'est une vraie mégère,* et l'aîné *est en plein âge con.* On ne peut pas dire que Jean nous épargne, pauvres humains que nous sommes. De tous les entretiens, c'est dans celui-là que j'ai trouvé le plus clairement exprimé, cet étrange sentiment dont nous avons déjà parlé : le mépris.

« Lorsque s'établit pour la première fois le sens de sa propre individualité séparée, de même que plus tard, au cours de phases telles que l'adolescence — phases critiques pour la réaffirmation et l'élaboration plus poussée de l'autonomie de son moi —, l'individu doit nécessairement être capable d'éprouver consciemment (au lieu de refouler) du mépris pour les autres, y compris pour ses parents et les substituts parentaux ».[1]

Nous voici rassurés par Searles qui ajoute plus loin : « Poussé temporairement jusqu'à l'extrême limite, le mépris aide l'enfant à réduire à des proportions tolérables la perte qu'implique sa différentiation psychologique d'avec le parent ressenti jusqu'ici comme omnipotent »[2], et « Plus tard, lorsqu'il sera adolescent ou jeune adulte, l'accentuation de ce mépris tourné vers l'extérieur l'aidera à se sentir capable de se frayer un chemin dans un monde adulte qui, sans cela, lui paraîtrait terriblement puissant et contraignant par rapport à ses propres capacités, lesquelles, pour la plupart, n'ont pas encore été mises à l'épreuve. »[3]

Bien entendu, aucun de ces enfants du milieu ne m'a parlé de mépris, ce sentiment n'étant pas vraiment avouable. Il est pourtant présent chez tous ou presque, à des degrés différents. Ainsi Martine, pensant me parler de sa différence : *J'ai toujours été quelqu'un vraiment à part. Un peu au dessus de tout ça, quoi.* Au dessus de cette famille qui ne comprend rien. Et nous pouvons faire un retour sur Michel qui ne peut vivre avec les gens mais qui s'observe les observant : *J'ai envie de voir le monde bouger. Heu... ça fait la différence avec mes frères qui eux, ont besoin de bouger avec le monde.* Et de ce fait Michel le penseur de monde va pouvoir régler la future tempête, déclenchée par la séparation du petit frère d'avec l'aîné/père : *Je crois que je vais avoir beaucoup de place là-dedans.* Du reste, il dit plus loin : *Une partie de moi qui a besoin de se mettre devant.* Bien qu'adhérant totalement à la justification du mépris que nous offre Searles, un oubli peut être constaté dans son raisonnement, c'est le sentiment de solitude qui dérive de ce mépris. En effet, le méprisant se donne bien comme supérieur du méprisé et par là se trouve seul, douloureusement seul. Il est vrai que Searles à côté du mépris pose l'adoration et ce serait l'ambivalence des deux sentiments, qui ferait la normalité ou

---

[1] Searles, *L'effort pour rendre l'autre fou*, Gallimard, 1965, p. 318.
[2] Idem, p. 319.
[3] Idem.

pas. Mais si une période, même temporaire, de mépris absolu — sans adoration donc — est nécessaire, on ne peut échapper à la pensée : je suis seul adorable, donc je suis seul. Ou comme le dit si bien Jean : *le magma en fusion*. Et si je suis un être unique, qui d'autre que moi-même puis-je contempler ? Et pour me contempler, ne me faut-il pas être seul et arrêter le temps : *Moi, j'aime pas aller parler aux autres ou jouer. Sinon ça passe trop vite.* [...] *Elle fait passer vite parce qu'elle me parle et que je lui réponds.* Le plus troublant est que Jean prenne du plaisir à cet étirement du temps qui provoque chez d'autres de l'angoisse. Peut-être une présence représente-t-elle pour lui une menace d'intrusion, et de ce fait, se « perd-il » dans l'autre. Seule la solitude lui permettrait de se *retrouver*, comme disait Michel. Mais pourquoi s'était-il perdu ? Jean, comme Sartre, a l'air de penser que « l'enfer, c'est les autres »[1], et que la solitude est le paradis. Mais enfer ou paradis tout ceci a à voir avec la mort.

Une certaine intensité de mépris serait donc souhaitable à l'élaboration d'un moi différencié et serait, en quelque sorte, un narcissisme de vie. Quand l'omnipotence des parents ou substituts chute, le mépris s'avère la solution à la souffrance de la différenciation. Une certaine intensité donc, et pour un temps seulement. Il faut assez rapidement retrouver l'adoration — ou ce que nous avons nommé admiration — pour qu'une relation s'établisse avec les objets externes et que ceux-ci ne soient pas rejetés en bloc. Ainsi nous parvenons à l'identification sélective dont parle Erikson[2]. Mais lorsqu'aucun signe d'adoration ou d'admiration ne pointe, pouvons-nous toujours avancer qu'être seul par mépris est un narcissisme de vie ?

La solitude de l'enfant du milieu serait-elle une solitude particulière ? Nous avons vu qu'elle répondait à la multiplicité de cet état ni plus, ni moins que pour d'autres. Dominique Janicaud se demande dans son article sur la « Haute Solitude »[3], s'il n'y a

---

[1] Sartre, *Huit Clos*.
[2] Erikson, *Luther avant Luther*, Flammarion, 1959, cité par Searles, Ibid., p. 319.
[3] Janicaud D., « Haute Solitude », p. 9, in *Être dans la solitude*, Ibid.

pas « autant de solitudes que de solitaires ». Et il constate qu'elle est, de nos jours, plutôt subie qu'élue. Nous avons constaté que les enfants du milieu — tout au moins le petit nombre d'entre eux écoutés — avaient tous plus ou moins le sentiment de l'avoir subie, puis élue. Il n'y aurait donc pas pour eux antinomie entre ces deux solitudes mais évolution et transformation. Ce qui leur serait, peut-être, particulier serait non pas une forme originale de solitude mais sa conscientisation aiguë et son utilisation. Nous pouvons penser que très tôt, en partie à cause de ses relations à l'aîné(e), le second découvre que son « Je suis » est un « Je suis seul ». Il est vrai que cette découverte vaut pour tous mais il est possible qu'elle soit plus précoce pour ces enfants du ni... ni — ni l'aîné, ni le benjamin ; ni le plus grand ni le plus petit, etc. Ce serait donc à la fois une évidence qui apparaîtrait très tôt et une forme de défense particulière : l'utilisation d'une angoisse existentielle pour justement, avoir le sentiment d'exister.

Comme dit Nietzsche, l'enfant du milieu « rentre en solitude pour ne pas [s']abreuver à la citerne de tout le monde. Quand [il est] dans la foule [il] vit comme la foule, et [il] ne pense pas ce qu'[il] pense réellement ; après un moment, on dirait toujours qu'ils veulent [le] bannir de [lui]même et [lui] voler [son] âme »[1]. Ce serait alors une solitude qui a évacué le « Tu dois » du chameau et qui dit « Je veux ». C'est la solitude du lion dans le désert — car il n'y a que dans le désert et la solitude qu'advient le « Je veux ». C'est ce qu'appelle Nietzsche le « non » sacré et nous ne pouvons qu'espérer que ce « non » se transforme en « oui » car « Oui, pour le jeu de la création, mes frères, il est besoin d'un «oui» : c'est SA volonté que l'esprit veut à présent, c'est SON propre monde que veut remporter celui qui est perdu au monde. »[2]

---

[1] Nietzsche, *Aurore*, Gallimard Idées, 1974, cité par Phillips A., Ibid., p.100.
[2] Nietzsche, *Ainsi parlait Zarathoustra*, Livre de Poche, LGF, Paris, 1983, p. 39, 40, 41.

C'est bien là le meilleur usage de la solitude, celle multiple, changeante, complexe qui est une conquête sur l'autre, la douloureuse auquel nul n'échappe sinon par le « oui sacré » de l'étranger le plus intime qui sommeille en nous-mêmes. Peut-être les enfants du milieu sont-ils plus aptes que d'autres à cette conversion d'une douleur, en orgasme du Moi.

CONCLUSION

> « Interprétons, pensons, donnons un sens aux choses, mais sachons que par dessus tout et en dehors du sens que nous leur donnons, les choses continuent toutes seules. »
>
> J.D. Nasio[1]

Il n'est pas possible de nier que conclure me soit toujours difficile. En partie, sans doute, parce que conclusion veut dire fin. Certaines pirouettes intellectuelles consistant à ne conclure qu'en posant des questions peuvent faire passer leurs auteurs pour des gens profondément intelligents puisque pétris de doutes. Conclure ainsi rend la pensée inattaquable certes, mais aussi, et par conséquent, molle et d'une modestie douteuse. Modeste, on ne peut que l'être quand un travail ne repose que sur neuf témoignages mais il faut cependant achever ce travail-là, et tirer quelques généralités à défaut de théories, ce qui serait d'une présomption inimaginable. Partons donc des hypothèses préalables et voyons ce qu'elles sont devenues.

---

[1] *Cinq leçons sur la théorie de Jacques Lacan*, Petite bibliothèque Payot, 1994, p. 106.

La première, qui concerne surtout le statut sexuel, n'a pas vraiment été vérifiée. Les cas concernés : Samuel et Martine ne se sont pas révélés profondément différents des autres. Les cas de : Fanny et Benoîte ont été sans doute plus révélateurs d'un trouble de l'identité sexuelle. La seconde hypothèse qui posait la naissance du troisième enfant comme une tragédie pour l'enfant du milieu s'est, elle, avérée assez proche de la réalité décrite. Cet enfant qui veut prendre une place (même si elle n'est pas si confortable que celle de l'aîné) durement acquise ne peut pas ne pas provoquer la haine et des désirs de mort. Ces désirs se sont manifestés souvent par un refus de la réalité de cette naissance ou par une agressivité déclarée. Le mépris vient en surcroît mais nous avons vu qu'il était en quelque sorte salvateur, puisqu'il avait la plupart du temps son pendant : l'adoration pour l'aîné. Tout ceci relève d'un arrangement que doit faire l'enfant du milieu avec ses sentiments ambivalents. Sa chance serait peut-être alors de pouvoir distribuer l'amour et la haine, non plus sur une même personne — ce qui est cependant le cas — mais sur deux personnes également proches.

« S'il est vrai[1] que ce sont les seconds, puis les derniers-nés qui se suicident le plus, alors que l'enfant unique fournit le plus faible pourcentage, on peut se demander si la position du second n'incline pas à des raptus dépressifs et au ressentiment, du fait de l'affrontement avec l'aîné, et, pour le dernier-né, sans rétorsion possible sur un enfant plus jeune. »

Ce ne sont pas, bien évidemment, les statistiques du suicide qui nous intéressent là, mais la dernière phrase de Rosolato. L'enfant du milieu aurait donc d'après lui une chance d'être moins suicidaire parce qu'il y aurait un plus jeune qui porterait le poids de la haine, vouée initialement à l'aîné. C'est bien ce que nous avions conclu des relations fraternelles. La naissance de ce troisième serait une tragédie... libératoire,

---

[1] Moullembé A., Tiano F., Avani G et C., Panchon J.M., « Les conduites suicidaires, approche théorique et clinique », Bulletin de Psycho, 1973-74, 313, 15-18, p. 901 (918), 928, cité par Rosolato G., *La relation d'inconnu*, p. 120.

permettant un ressentiment presque exempt de culpabilité. Nous pouvons dire après tout cela, que la seconde hypothèse serait à peu près vérifiée, s'il n'y avait pas ce mot de souffrance (la souffrance de l'enfant du milieu c'est la naissance du troisième enfant). En effet, a surgi une souffrance beaucoup plus profonde, bien que souvent non reconnue, liée à la relation de ce second avec son aîné. Cette souffrance-là est beaucoup plus complexe et son origine a posé des questions qui n'étaient pas prévues dans ce travail. La tragédie de l'enfant du milieu serait donc la découverte (quand, comment ?) de cet avant soi. (Il y a eu une scène primitive avant celle qui a donné lieu à ma naissance). Winnicott nous dit que : « Nous savons que le monde était là avant l'enfant, mais l'enfant ne le sait pas, et il a d'abord l'illusion que ce qu'il y trouve est une création. [...] La compréhension que le monde existe avant l'individu se fera peu à peu, intellectuellement, mais le sentiment demeurera que le monde a été une création personnelle. »[1] Et nous avons bien vu qu'au fil des pages, ce qui était récurrent était cette complexité de relations à l'aîné ; relations que nous serions tentés de ne plus vraiment nommer fraternelles. Il nous a semblé, en effet, que pour le cadet, ce premier-né n'était pas véritablement un frère, mais un hybride vaguement apparenté aux parents. Faisons un retour sur Œdipe, l'aîné/père. Nous nous demandions, dans l'introduction si, dans l'inconscient des cadets, l'aîné n'était pas assimilé au père. Il semblerait que ce soit une possibilité et tout au moins une piste de recherche. Alors, la question serait aussi : dans le fantasme du cadet quelle sorte de relation existe entre la mère et le fils aîné ou le père et la fille aînée ? Une conclusion qui finit par un point d'interrogation, comme un travail qui ne voudrait pas s'achever ?

« Celui qui cherche encore, on veut qu'il ait conclu. Mille voix lui annoncent déjà ce qu'il a trouvé et pourtant, il le sait, ce n'est pas cela. Cherchez et laissez dire ? Bien sûr. Mais il faut, de loin en loin, se défendre. Je ne sais pas ce que je cherche, je le

---

[1] Winnicott, D.W., « La nature humaine », Gallimard, 1990, p. 146.

nomme avec prudence, je me dédis, je me répète, j'avance et je recule. On m'enjoint pourtant de donner les noms, ou le nom, une fois pour toutes. Je me cabre alors ; ce qui est nommé, n'est-il pas déjà perdu ? Voilà du moins ce que je puis essayer de dire. »[1]

---

[1] Camus A., *Noces*, suivi de *L'été*, Gallimard, 1959, Collection Folio, sept. 1984, p. 142.

BIBLIOGRAPHIE

FREUD (S.)
« Correspondances » 1873-1939, Gallimard, Paris, 1966.
« Inhibition, Symptôme et Angoisse », P.U.F, Paris 1951.
« Introduction à la Psychanalyse », Payot, Paris, 1961.
« Névrose, Psychose et Perversion » P.U.F, Paris 8ème édition, novembre 1992.
« Pour Introduire le Narcissisme », in « La Vie Sexuelle », P.U.F, Paris, 1995

GAYET (D.) « Les Relations Fraternelles », Delachaux et Niestlé, 1993.

KLEIN (M.) « Se sentir seul » in « Envie et Gratitude et Autres Essais » Gallimard.

NASIO (J.D.) « Cinq Leçons Sur la Théorie de Jacques Lacan », Petite Bibliothèque Payot, Paris, 1994.

NIETZCHE (F.) « Ainsi Parlait Zarathoustra » Classique de poche L.G.F, Paris, 1983.

NOUVELLE REVUE DE PSYCHANALYSE « Être dans la solitude » Gallimard n°36, automne 1987.

ROSOLATO (G.) « La Relation d'Inconnu », N.R.F, Gallimard, Paris, 1978.

SEARLES (H.) « L'effort Pour Rendre L'autre Fou », N.R.F, Gallimard, Paris, 1977.

WINNICOTT (D.W.)
« La Capacité d'Être Seul » in « De la Pédiatrie à la Psychanalyse » Paris, Payot, 1969.
« La Nature Humaine » N.R.F Gallimard, Paris, 1990.

ET...

BAUDELAIRE (C.)
« Les Fleurs du Mal », Classique de poche -L.G.F. Paris, 1972.
« Mon cœur mis à nu », Classique de poche - L.G.F. Paris 1972.

BAZIN (H.) « Vipère au poing », Livre de poche, Paris, 1996.

BEAUVOIR (S.)
« Les belles images », Folio, Paris, 1972.
« Le sang des autres », Folio, Paris, 1973.

CAMUS (A.) « Noces » suivi de « L'été », Folio, Paris, 1984.

DURAS (M.) « Agatha », Les Éditions de Minuit, Paris, 1981.

GIDE (A.) « Les nourritures terrestres », Livre de poche, Paris, 1970.

LA FONTAINE (J.) « Fables », Classique Hachette, Édition 1965.

SARTRE (J.P.) « Huit clos » suivi de « Les mouches », Folio, Paris, 1991.

VIRCONDELET (A) « Duras - Vérités et Légendes », Édition du Chêne, Hachette, Paris, 1996.

TABLE DES MATIERES

PRÉFACE 7

INTRODUCTION 13

PARENTHESE HISTORICO-ETYMOLOGIQUE 17

    Trois (la réalité) 19
    Cadet (numéro 2 = le statut) 23
    Seul (retour à 1 = le désir) 27

UN BREF APERCU DES ENTRETIENS : 29

LES RELATIONS FRATERNELLES 41

    On se ressemble beaucoup... 45
    On est très différents... 49
    Je peux pas l'encadrer... Je l'aime bien 53
    On dirait une princesse... 59
    Avec condescendance 63
    J'étais le... le défaut 69

LES REMÈDES 77
    Où le beau se crée... 79
    Où le beau se contemple.. 83
    Où il sera question de diplômes et d'école... 85
    Où déranger signifie survivre... 87

ÊTRE SEUL 93
    Plaisir d'être seul 95
    Obligation d'être seul 99
    Refus d'être seul 103
    Être seul pour être séparé 107
    Être seul par mépris 111

CONCLUSION 117

BIBLIOGRAPHIE 121

TABLE DES MATIÈRES 125

Collection *Psycho-Logiques*
dirigée par Philippe Brenot et Alain Brun

Déjà parus

Sylvie PORTNOY-LANZENBERG, *Le pouvoir infantile en chacun, Source de l'intolérance au quotidien.*
André DURANDEAU, Charlyne VASSEUR-FAUCONNET (sous la dir. de), *Sexualité, mythes et culture.*
Claire SALVY, *Jumeaux de sexe différent.*
Maurice RINGLER, *La création du monde par le tout-petit.*
Loick M. VILLERBU, *Psychologues et thérapeutes, sciences et techniques cliniques en psychologie.*
Michel LARROQUE, *Hypnose, suggestion et autosuggestion.*
Sylvie PORTNOY, *L'abus de pouvoir rend malade. Rapports dominant-dominé.*
Raymonde WEIL-NATHAN (sous la dir. de), *La méthode éleuthérienne. Une thérapie de la liberté.*
Patricia MERCADER, *L'illusion transsexuelle.*
Alain BRUN, *De la créativité projective à la relation humaine.*
Pierre BENGHOZI, *Cultures et systèmes humains.*
Dr POUQUET, *Initiation à la psychopathologie.*
Dr POUQUET, *Conduites pathologiques et société.*
Geneviève VINSONNEAU, *L'identité des Françaises face au sexe masculin.*
Paul BOUSQUIÉ, *Le corps cet inconnu.*
Roseline DAVIDO, Le DAVIDO-CHAD, *Le nouveau test pschologique : du dépistage à la thérapie.*
Sylvie PORTNOY, *Création ou destruction, autodestruction.*
Jacques BRIL, *Regard et connaissance. Avatars de la pulsion scopique.*
Michel POUQUET, *L'adolescent et la psychologie.*
Marie-Pierre OLLIVIER, *La maladie grave, une épreuve de vie.*
Loïc M. VILLERBU, Jean-Luc VIAUX, *Ethique et pratiques psychologiques dans l'expertise.*
Michel LARROQUE, *Esquisse d'une philosophie de l'amour.*

653854 - Mai 2016
Achevé d'imprimer par